지주말 미주말

지주말 미주말

발행일	2025년 11월 15일
지은이	강윤호
펴낸이	손형국
펴낸곳	(주)북랩
출판등록	2004. 12. 1(제2012-000051호)
주소	서울특별시 금천구 가산디지털 1로 168, 우림라이온스밸리 B동 B111호, B113~115호
홈페이지	www.book.co.kr
전화번호	(02)2026-5777 팩스 (02)3159-9637
ISBN	979-11-7224-949-6 03190(종이책)　　979-11-7224-950-2 05190 (전자책)

잘못된 책은 구입한 곳에서 교환해드립니다.
이 책은 저작권법에 따라 보호받는 저작물이므로 무단 전재와 복제를 금합니다.
본 도서는 (주)북랩이 보유한 리코 인쇄 장비 등 자체 생산 인프라를 통해 제작되었습니다.

작가 연락처 문의 ▶ ask.book.co.kr
전용 게시판에 문의를 남기시면 저자에게 직접 전달됩니다.

(주)북랩 성공출판의 파트너
북랩 홈페이지와 SNS에서 다양한 출판 솔루션을 만나 보세요!
홈페이지 book.co.kr　•　블로그 blog.naver.com/essaybook　•　**출판문의** text@book.co.kr
카톡채널 북랩

지주말

미주말

강윤호 지음

머리말

"말을 할 수 있기에 사람은 짐승보다 낫다. 그러나 바르게 말하지 않으면 짐승이 우리보다 나을 것이다." ― 사디 시라지(사디 셰흐르자디)

말의 홍수, 정보의 홍수 시대다. 이제는 정보가 넘쳐서, 말이 너무 많아서 문제다. 말의 성찬 속에서 오늘날 우리는 말을 제대로 하고 말을 가려서 받아들이는 일이 무엇보다 중요한 상황에 처해 있다. 말을 바르게 하지 않음으로써 사람을 죽음으로까지 내몰기도 한다. 미혹을 주는 말들이 가치관의 혼란을 가져오고 이념적 대립을 격화시켜 결국 민주주의의 위기까지 초래하는 것을 우리는 목도하고 있다.

지혜를 주는 말과 미혹을 주는 말을 가릴 줄 아는 통찰이 무엇보다 필요한 시대다. 나와 사회의 건강을 위해서 말을 바로 하고 정보를 제대로 전달하고 흡수해야 한다. 이 책은 이러한 혼탁한 시대에 지혜를 주는 말을 발굴하여 사람을 사람답게 하고자 하며, 미혹을 주는 말을 발본하여 사람이 짐승과 같은 나락으로 빠지는 것을 막고자 한다.

"진보는 홍익인간(弘益人間)이다." — 강윤호

진보(進步, progress)란, 말 그대로 앞으로(pro) 단계를 밟아 나아가는(gress) 것이다. 앞으로 전진하고 위로 고양하는 것이다. 이는 한마디로 홍익인간(弘益人間)으로 표현될 수 있다. 인간을 앞으로 위로 전진하게 하고 고양시키는 것이 널리 인간을 이롭게 하는 것이 아니면 무엇이겠는가? 우리의 단군 할아버지께서 하늘을 열 때 주창하신 그 홍익인간의 이념이 바로 진보인 것이다.

진보는 단순히 정치 지형의 일부를 나타내는 것으로 쓰여서는 안 될 말이다. 진보의 반대는 보수(conservatism)가 아니다. 퇴행(regression) 또는 반동(reaction)이다. 진보는 좌파나 우파, 혁신이나 보수와는 무관하다. 좌익 진보도 우익 진보도 가능하다. 혁신적이고 급진적인 진보도 있을 수 있고, 보수적이고 온건한 진보도 있을 수 있다. 널리 인간을 이롭게 하는 것이 진보다. 그것이 사람 사는 세상을 앞으로 이끄는 것이다. 널리 그러할수록 좋다. 나를 넘어, 이웃을 넘어, 사회와 국가를 넘어, 세계를 넘어 미래에는 우주로까지, 그리고 현 세대를 넘어 미래 세대로까지.

인간을 이롭게 하는 것의 대전제이자 가장 큰 목표는 자유로운 인간이다. 자유가 없는 인간에게 이로움을 따지는 것 자체가 어불성설이다. 노예를 아무리 이롭게 해 주더라도 그는 인간으로서 대우받지 못한다. 인간으로서의 정체성을 부정하면서 무슨 홍익인간 운운할 수 있겠는가? 자유가 기본이다. 자유가 없이 인간을 이롭게 한다는 것은 그 어떤 말도 기만이다. 자유를 포장하는 어떠한 위선도 우리는 꿰뚫어 보고 배척해야 한다. 널리 이롭게 하는 것이 중요하다. 누구나 지고한 가치인 자유를 누릴 수 있어야 한다. 즉 차별받지 않는 평등한 자유(equal liberty, égaliberté)여야 한다. 요컨대 진보는 널리 인간을 이롭게 하는 것이고 그것의 핵심은 평등한 자유를 실현하는 것이다.

평등한 자유를 실현하고자 하는 것이 민주주의다. 평등한 자유에 다가가고자 하는 것이 민주주의의 본질이다. 모두가 형식적인 선거권을 가진다고 해서 자유가 모두에게 보장되는 실질적인 민주주의라고 할 수는 없다. 모두가 실질적으로 자유를 누리는 평등한 세상이 실질적인 민주주의 사회인 것이다. 그러한 사회로 다가가는 것이 진보다.

아포리즘은 간결하게 표현한 말이나 글로서 격언, 금언, 잠언, 경구 따위로 일컬어지는 것이다. 이 책은 따옴표에 넣을 수 있는, 직접 언급되거나 쓰인 어록이나 명언들 외에도 한 사람의 사상이나 신념이 축약되어 널리 전해지는 말도 포함해서 수록했다. 더불어 누가 한 말인지는 확실치 않지만 널리 인구에 회자되는 말도 포함했다. 나는 이것들을 '지혜를 주는 말(지주말)'과 '미혹을 주는 말(미주말)'로 구분했다. 지주말은 우리에게 깨달음을 주는 말이다. 참되고 꾸밈이 없는 말이다. 한 줄의 지주말이 한 권의 책보다 더 큰 깨달음을 줄 수 있다. "진보는 홍익인간이다."라는 한마디 말이 진보를 말하는 수많은 책보다 더 큰 깨달음을 줄 수도 있는 것이다. 문제는 미주말이다. 진보를 위해서는 지주말로는 부족하다. 미주말이 주는 미혹을 통찰해서 분쇄해야 진보할 수 있다.

  이러한 말들을 엮은 다음 내 나름의 해석과 평가를 더한 것이 이 책이다. 우리가 쉽게 걸러 낼 수 있는 명확한 거짓말보다 그럴듯하게 꾸며 내어 우리를 미혹시키는 말이 더 유해한 경우가 많다. 그래서 나는 한편으로 새로운 깨우침을 주는 지주말을 발굴하는 데 주력하면서도, 다른 한편으로는 우리에게 낯설지 않은 미주말을 엄선하여 비판하는 데 심혈을 기울였다. 지주말은 ○로 표시하였고, 미주말은 ●로 표시했다. 여러 모로 생각해 볼 만한 말은 ◇ 표시를 했다. 여러 현자들이 언급해서 말의 원조가 누구인지 불분명한 경우에는 제현(諸賢)으로 작자를 표기했다.

  하나의 지주말을 만날 때마다 흙속에서 하나의 금덩이를 캐내는 기분이었다. 감정이 꿈틀거렸고 각성이 일어났다. 내 안에서 하나의 진보가 이루어지는 순간순간이었다.

  인생에 정답은 없다고 했다. 각자가 알아서 자신의 인생을 살면 된다. 의미와 가치를 추구하는 삶을 살고자 할지라도 내가 어디서 와서 어디로 가는지, 나는 왜 존재하고 왜 살아야 하는지, 이런 것들에 대한 궁극적인 답은 알 수가 없고 아마 영원히 알 수 없을 것이다. 그러나 내가 내린 한 가지 결론은 있다. 내 능력과 노력에 따라 나와 우리 사회가 한 뼘의 진보라도 이루게 된다면 그것으로 족하지 않은가?

차례

머리말 _ 04

01 인간이라면 생각 좀 하고 삽시다 _ 12
02 우선 나와 인생, 그리고 내가 사는 세계가 궁금하지 않나요 _ 34
03 늙어서 고독하게 살다가 죽는 게 두려운가요 _ 56
04 다른 사람들과는 어떻게 지내는 게 좋을까요 _ 75
05 어떻게 무엇을 하며 살아야 할지 걱정되나요 _ 92
06 우리 사회가 잘돼야 나에게도 좋지 않나요 _ 138
07 다 같이 즐겁고 행복하게 삽시다 _ 191

지혜를 주신 분들 _ 204

PROGRESSIVISM

APHORISM

01

인간이라면
생각 좀 하고 삽시다

○ 인간은 생각하는 갈대다. ─ 파스칼

이 말은 인간은 연약하지만 생각하는 존재라는 면에서 위대하다는 뜻으로 쓰인다. 근데 내 생각으로는 인간만이 아니라 생각 자체도 갈대처럼 연약하다는 것으로 해석될 수 있을 것 같다. 우리의 생각은 얼마나 쉽게 조변석개하는가? 우리는 정보의 홍수라는 말이 유행하는 현대에 이를 더욱 절감할 수 있다.

파스칼은 "인간의 모든 불행은 방 안에 조용히 혼자 있을 수 없다는 데서 비롯된다."라는 말도 했다. 생각은 그냥 하는 것이 아니다. 잘해야 한다. 고요함 속에서 외부의 자극에 휘둘리지 않고 깊이 성찰할 줄 알아야 한다.

○ 생각하는 것을 죽기보다 싫어하는 사람이 많다. 실제로 그

들은 생각 없이 죽어 간다. ― 버트런드 러셀

많은 사람들이 생각의 중요성을 강조한다. 생각한다는 것이 인간과 다른 것을 구분하는 가장 중요한 척도가 된다. 생각 없이 죽어 간다는 말은 인간에 대한 가장 큰 모욕이다.

○ 의미를 생각하면 기본은 된 것이고, 가치까지 따진다면 귀하게 된 것이다. ― 강윤호

생각하고 산다는 게 무엇일까? 의미를 해석하고 가치를 평가하는 것이다. 의미와 가치를 부여할 줄 아는 것이 인간이다. 짐승은 그런 것을 하지 못해 짐승인 것이다.
  자연이 물질을 넘어 생명을 만든 것, 의식을 넘어 생각을 탄생시킨 것, 요컨대 인간을 만든 이유는 스스로에게 의미를 부여하고 싶어서, 스스로 가치를 지니고 싶어서가 아니었을까?

- "가장 가혹한 형벌은 전혀 무익하고 무의미한 일을 지속하는 것이다." ― 도스토예프스키
- "산다는 것은 세상에서 가장 드문 일이다. 대부분의 사람들은 단지 존재할 뿐이다." ― 오스카 와일드
- "우리는 우주가 스스로를 이해하는 방식이다." ― 칼 세이건

○ 지혜는 학교에서 배우는 것이 아니라 평생 노력해 얻는 것이다. — 아인슈타인

인간은 지덕체로 이루어져 있다. 지력과 체력이 점차 부족해지더라도 덕력으로써 지혜를 꾸준히 쌓아 가야 한다.

○ 선비와 군자는 가난하여 물질로 남을 도와주지는 못하더라도 어리석은 사람이 미혹에 빠져 있을 때 한마디 말로써 그를 깨우쳐주고, 위급한 처지에 있는 사람을 만났을 때 한마디 말로써 그를 구제해 줄 수 있으니, 이 또한 무한한 공덕이라 하겠다. — 홍자성

지주말(지혜를 주는 말)의 힘을 잘 표현해 주는 말이다.

○ 어제는 똑똑해지려 했고, 세상을 바꾸려 했다. 오늘은 지혜로워져서 나 자신을 바꾼다. — 잘랄루딘 루미

똑똑한 것만으로는 부족하다. 지혜롭고 현명해야 한다. 똑똑하기만 하면 자칫 교만해지기 쉽다. 겸손해야 한다.

세상을 바꾸기 위해서는 내가 먼저 바뀌어야 한다.

○ 뻔한 교훈이라고 비난하기 전에 행동으로 옮겨 보라. ― 팀 페리스

교훈을 받아들이는 좋은 자세!

○ 누구나 마음만 먹는다면 자기 뇌의 조각가가 될 수 있다.
― 산티아고 라몬 이 카할

누구나 마음만 먹으면 사유의 힘을 기를 수 있다.
몸 근육뿐만 아니라 뇌 근육 만드는 데도 힘을 쓰자. 몸도 뇌도 섹시하게.

◇ 지식은 다른 사람에게 전달될 수 있지만 지혜는 그렇지 않다. ― 제현

지혜는 스스로 체득해야 한다는 말일 게다.

근데 지식과 마찬가지로 지혜라는 것도 받아들이는 사람에 달린 문제가 아닐까? 지혜를 배우고자 진정 원한다면 남으로부터 전달받을 수도 있지 않을까?

진정 배우고 깨닫고자 원한다면!

○ 철학은 삶을 위한 기술이다. 철학자가 된다는 것은 잘 사는 법을 배운다는 것이다. ― 미셸 옹프레

철학을 어렵게 볼 필요가 없다. 철학은 그냥 좀 깊게 생각해 보는 것일 뿐이다. 그냥 생각이라기보다는 조금 성의와 노력이 가미된 사유 또는 사색이라고 할까?

우리 모두 철학자가 될 수 있다. 직업적인 철학자가 되라는 것이 아니다. 잘 사는 법을 배우기 위해 철학자가 되자. 우리는 모두 잘살기 위해 노력한다. 그만한 노력이면 우리 모두 철학자가 될 수 있다.

○ 진리는 망망대해와 같다. 나는 고작 바닷가에서 조개를 주어 기뻐하는 아이일 뿐이다. ― 뉴턴

근대 과학혁명을 대표하는 인물의 말이다. 진리 앞에 겸손해야 한다.

○ 진정한 지혜는 자신이 아는 것과 모르는 것을 아는 것이다.
― 소크라테스

지혜로운 자는 자신을 아는 자다. 자신을 잘 알아야 처신을 잘 할 수 있다. 자신을 아는 가장 중요한 것 중 하나는 자신이 무엇을 아는지 모르는지 구별하는 것이다. 이로부터 절제와 겸손 같은 모든 덕목이 뒤따른다.

우리가 얼마나 모르는가를 깨달아야 한다. 앎은 끝이 없다. 완전한 앎은 불가능하다. 존재와 세계는 무한하기 때문이다. 지혜롭다면 우리는 겸손해질 수밖에 없다. 지혜 없는 지식은 깨닫지 못한 앎일 뿐이다. 알아도 깨닫지 못한다면 자만해질 것이고 자만은 파탄을 부를 것이다. 과학적 지식과 철학적 지혜의 조화와 균형이 필요한 까닭이다.

- "알면 알수록 모르는 것이 더 많다는 것을 깨닫게 된다." ― 아리스토텔레스
- "지식은 말하지만, 지혜는 듣는다." ― 지미 헨드릭스

○ 지식의 가장 큰 적은 무지가 아니라 지식에 대한 환상이다.
— 스티븐 호킹

과학적 지식과 철학적 지혜의 조화와 균형이 필요하다고 했다. 과학주의가 지식에 대한 환상의 대표적인 예다. 과학우선주의, 과학절대주의는 지식의 가장 큰 장애 중 하나이며 커다란 위험을 초래할 수도 있다. 과학은 진리가 아니다. 과학은 진리로 다가가는 영원한 과정일 뿐이다.

과학 자체보다 과학으로 둔갑한 지식이 더 문제다. 미주말(미혹을 주는 말)의 많은 부분을 차지하는 것이 과학적 명제로 둔갑한 허언들이다. 특히 입증이나 반증이 어려운 사회과학에 그러한 말들이 많다. 그중에서도 흔히 사회과학의 여왕이라고 불리는 경제학에서 유독 그러한 경향이 심하다. 경제학을 공부할 때 깊은 성찰이 필요한 이유다.

- "만약 과학이 확실한 무엇이라고 생각한다면, 그것은 당신의 착각이다." — 리처드 파인만
- "나는 자연을 이해함에 있어서 겸손이야말로 과학의 지속적인 추구에 필수조건이라고 생각한다." — 수브라만얀 찬드라세카르

○ 두려움은 미신의 근본이며, 잔인함의 근원이다. 두려움을

정복하는 것이 지혜의 시작이다. — 버트런드 러셀

이성을 파괴하는 파시즘의 주된 먹잇감이 대중의 불안과 공포심이다. 두려움을 정복해야 지혜로운 시민으로 갈 수 있다. 진보적인 민주주의자가 깊이 새겨들어야 할 말이다.

○ 믿는 사람을 어떤 것으로도 설득할 수 없다. 왜냐하면 그들의 믿음은 증거에 근거하지 않고 깊이 자리 잡은 믿고자 하는 욕구에 근거하기 때문이다. — 칼 세이건

인간사에서 욕구가 이성보다 앞서는 경우는 너무도 많다. 민주주의에서 가장 중요한 선거도 그중 하나다. 미혹에서 벗어나려면 자신의 믿음을 항상 반성하고 성찰하는 자세가 필요하다.

○ 지혜의 핵심은 올바른 질문을 할 줄 아는 것이다. — 제현

올바른 답을 얻기 위해서는 우선 올바른 질문을 해야 한다. 지혜로운 자는 문제를 파악하고 설정하는 데 뛰어나다. 지혜로운 자는 문제를 잘 제기하는 자다. 문제를 잘 제기하면 그 안에 이미 해결책

이 있다.

기존 문제에 답을 잘 하는 것만으로는 세상을 진보시키는 데 부족하다. 지혜롭게 새로운 문제를 잘 파악하고 설정하고 제기하는 것이 진보의 지름길이다.

- "어떤 사람이 영리한지 아닌지는 그가 내놓는 대답을 통해 알 수 있다. 어떤 사람이 지혜로운지 아닌지는 그가 던지는 질문을 통해 알 수 있다." ― 나기브 마푸즈
- "재능 있는 사람은 타깃을 보고 정확히 맞출 수 있지만, 천재는 사람들이 볼 수 없는 타깃을 본다." ― 쇼펜하우어
- "발견이란, 모든 사람이 보고 있는 것을 보고 아무도 생각하지 못한 것을 생각하는 것이다." ― 알베르트 센트죄르지

○ 경험은 배울 줄 아는 사람만 가르친다. ― 올더스 헉슬리

경험에서 교훈을 얻을 수 있는 자가 지혜로운 자다. 아둔한 자는 경험을 낭비한다.

- "일을 망치고 아무것도 배우지 못했다면, 당신은 실수를 한 것이다. 일을 망치고 무언가를 배웠다면, 당신은 경험을 한 것이다." ― 마크 맥파든

○ 사려(思慮)하라! — 강윤호

나는 '사려'라는 말을 이렇게 해석한다. '사유(思惟)와 배려(配慮)'. 깊이 생각하고 그에 따라 보살피고 도와줄 줄 안다면 그보다 더 가치 있는 삶은 없을 것이다.

○ 하루 종일 그가 생각하고 있는 것이 그 사람의 정체다. — 랠프 에머슨

생각이 그 사람을 결정한다. 단순한 의식을 넘어 생각한다는 것이 인간과 동물을 구별한다. 이 사람과 저 사람은 어떤 생각을 하는가에 따라 구별된다.

- "우리에게 부족한 것은 여가를 누릴 시간이 아니라 생각할 시간과 느낄 시간이다." — 마거릿 미드
- "당신은 용기를 내어 당신이 생각하는 대로 살아야 한다. 그렇지 않으면 머지않아 당신은 사는 대로 생각하게 될 것이다." — 폴 발레리

○ 사단(仁義禮智)을 추구하고 칠정(喜怒哀懼愛惡欲)을 다스리며 사는 삶이 지혜로운 삶이다. ― 강윤호

인: 측은지심(惻隱之心), 공감
의: 수오지심(羞惡之心), 옳고 그름을 가림
예: 사양지심(辭讓之心), 겸손
지: 시비지심(是非之心), 맞고 틀림을 분별

희: 기쁘고 즐거움
노: 노여움
애: 슬픔
구: 두려움
애: 좋아함
오: 미워함
욕: 바람

사단 속에서 칠정을 잘 다스리는 지혜로운 자는 행복을 누릴 것이다.

타인과 공감하고 배려하자. 부끄럼을 알자. 겸손하자. 시시비비를 잘 가리자.

마음껏 즐기고, 분노하고, 슬퍼하고, 두려워하고, 사랑하고, 미워하고, 욕심내자. 단, 과유불급(過猶不及)이라고 했다. 무엇이든 과하면 행복을 깎아먹기 마련이다.

절제하고 성찰하자.

○ 인간이 가질 수 있는 성품 중 가장 으뜸은 부끄러움이다. ― 제현

영국 속담에 "수치심이 없는 인간은 양심도 없는 인간"이라는 말이 있다. 부끄러움을 모르는 인간은 짐승과 다르지 않다. 그런 자가 사이코패스이고 소시오패스다.

• "수치심은 모든 덕의 원천이다." ― 제현

◇ 세상에 진지한 자의 무지와 성실한 자의 어리석음만큼 위험한 것은 없다. ― 마틴 루터 킹

"무지한 자가 부지런하면 가장 위험하다."라는 말이 있다. 그런데 똑똑한 놈이 부지런하고 사악한 게 더 위험할지도 모르겠다.

• "단 한 권의 책밖에 읽은 적이 없는 인간을 경계하라." ― 미상

○ 사고하기를 훈련하는 것, 그것이 교육의 본질이다. ― 아인슈타인

생각하는 사람만이 지혜로울 수 있다. 생각이란 것은 단순한 의식이 아니다. 스스로 노력해야 하고 훈련받아야 한다.

• "교육의 목적은 비어 있는 머리를 열려 있는 머리로 바꾸는 것이다."
― 말콤 포브스

○ 새로운 진실은 처음에는 조롱당하고, 다음에는 격렬한 반대에 부딪히며, 나중에는 마치 처음부터 자명했던 사실처럼 받아들여진다. ― 쇼펜하우어

생각에서 가장 중요한 것은 진실을 마주하는 것이다.
새로운 진실을 대면하는 사람은 선구자의 고독과 시련을 피할 수 없다. 진실을 몰라보는 자, 진실을 두려워하는 자, 진실을 왜곡하는 자 등등 진실의 적은 너무도 많다.

○ 진실은 의심할 여지없이 아름답다. 하지만 거짓 역시 그렇다.
― 랠프 에머슨

아름다운 거짓이 미혹을 주는 것이다.

　　○ 첫인상에 좌우되지 마라. 거짓은 늘 앞서오는 법이고, 진실은 뒤따르는 법이다. ─ 발타사르 그라시안

　진실이 드러나는 것은 항상 시간과 노력을 필요로 한다. 그 사이 거짓과 포장과 허울과 이미지가 판을 친다.
　진실과 실상에 다가가는 것은 호락호락하지 않다. 진실은 하나지만 진실이 아닌 것은 무수히 많다. 그래서 진실한 정보를 생명으로 하는 민주주의가 어려운 것이다. 정보를 제공하는 측, 정보를 받아들이는 측 모두의 노력이 필수다. 언론과 교육이 그래서 중요하다.

- "진실한 말에는 꾸밈이 없고, 꾸미는 말에는 진실이 없다." ─ 노자
- "사실을 감추는 가장 효과적인 방법은 정보의 홍수다." ─ 올더스 헉슬리

　　○ 진실을 찾는 자는 신뢰하되, 진실을 발견한 자는 의심하라.
　─ 앙드레 지드

　내 생각을 절대적으로 신뢰해서는 안 된다. 항상 겸손하고 신중한

태도로 생각해야 한다.

진실 또는 진리는 다가가는 것이지 획득되는 것이 아니다. 절대적 진리는 없다.

- "진리를 구했다는 확신이 인간을 잔혹하게 만든다." — 아나톨 프랑스
- "진리를 위해서 죽을 수 있는 자를 경계하라. 진리를 위해 죽을 수 있는 자는 대체로 많은 사람을 저와 함께 죽게 하거나, 때로는 저보다 먼저, 때로는 저 대신 죽게 하는 법이다." — 움베르토 에코
- "영원한 진리는 없다는 것만이 영원한 진리다. 절대적 진리는 없다는 것만이 절대적 진리다. 변하지 않는 것은 없다는 것만이 변하지 않는 진리다." — 강윤호

○ 신문들은 한때, 내가 죽었다고 보도했다. 하지만 증거를 조심스럽게 살펴본 뒤 나는 그 보도가 거짓이라는 결론을 내렸다.
— 마크 트웨인

정보를 대하는 좋은 태도.

○ 상식이란 열여덟 살 때까지 얻게 된 편견의 모음이다. ― 아인슈타인

상식에서 벗어나는 것은 항상 의심해야 하는데, 반면 우리가 항상 의심해야 할 것도 상식이다. 많은 경우 상식이 발전을 더디게 하는 주범이다. 잘못된 상식이 편견으로 굳어지는 경우가 많은 것이다.

생각할 때 가장 멀리해야 할 것이 편견이다. 죽을 때까지 이것에서 벗어나지 못하고 허상 속에서 삶을 마감하는 사람이 부지기수다. 가여운 인생이다.

○ 나의 고찰은 반시대적이다. ― 니체

니체와 같은 철학자들은 의심하는 자들이다. 진정한 철학자라면 시대에 순응하지 않는다. 철학자가 아니더라도 누구나 철학적으로 살 수 있다. 누구나 시대를 평가하고 비판할 수 있다. 우리가 이 시대의 주인으로서 진실과 함께 살아가려 한다면 철학하는 마음이 꼭 필요하다.

- "다수의 편에 선 자신을 발견할 때가, 잠시 멈추어 자신을 돌아봐야 할 때다." ― 마크 트웨인

○ 생각을 바꾸면 세상이 달라진다. ― 노먼 빈센트 필

세상을 바꾸고 싶은가? 생각부터 바꿔라.

○ 진실은 언제나 단순하다. ― 제현

"Truth is always simple." Truth는 우리말로 진실, 진리로 변역될 수 있다. 그래서 이 말도 두 가지로 해석될 수 있을 것이다.

"진실은 거짓과 달리 단순하다." 진실은 하나인 반면 거짓은 여럿일 수 있다. 진실은 명확한 인과에 따르므로 꾸밈이 많을 수밖에 없는 거짓에 비해 단순할 수밖에 없다.

"세상의 이치인 진리는 단순하다." 자연은 인위적이지 않다. 꾸미는 것을 좋아하지 않는다. 담백하고 효율적이다.

미니멀하고 단순한 것이 진실과 진리에 가까운 것이다. 꾸밈이 많을수록 진실과 진리에서 멀어진다.

- "모든 것은 가능한 한 단순해져야 하지만, 그 이상으로 더 단순해져서는 안 된다." ― 아인슈타인

○ 과학은 나라를 알지 못합니다. 왜냐하면 지식은 인류에게 속하고 세상을 밝히는 횃불이기 때문입니다. ― 파스퇴르

과학이나 기술의 발전이 꼭 진보를 뜻하는 것은 아니다. 과학기술이 어떻게 활용되는가에 따라 인류의 복지가 좌우된다. 과학기술이 인류에 재앙이 될 수도 있는 것이다.

과학은 국가주의나 민족주의에 의해 오용되지 않을 때 진정한 진보가 될 수 있다. 진보는 홍익인간이다.

○ 선동은 한 문장으로도 가능하지만 그것을 반박하려면 수십 장의 문서와 증거가 필요하다. 그리고 그것을 반박하려고 할 때에는 사람들은 이미 선동되어 있다. ― 미상

선동 선전의 위험성을 꿰뚫고 있는 말이다. 이 말은 나치 선동가 괴벨스의 말로 인용되기도 하지만 확실한 근거는 없다.

고대 로마의 풍자 시인 유베날리스는 "국민을 다스리는 데는 빵과 서커스면 된다."라고 했다. 히틀러는 "대중은 지배자를 기다릴 뿐, 자유를 주어도 어찌할 바를 모른다."라고 조롱한 바 있다. "국가를 정복하려면 먼저 시민을 무장 해제하시오."라고 외친 히틀러 같은 이에 속는 어리석은 대중이 아니라 그러한 이를 꿰뚫어 볼 수 있는 통찰력을 갖춘 시민이 되자.

- "대중은 거짓말을 처음에는 부정하고 그다음엔 의심하지만 되풀이하면 결국에는 믿게 된다." ― 미상

○ 사람들은 일찍 일어나는 새의 행운을 지나치게 강조하고, 일찍 일어나는 벌레의 불운을 충분히 고려하지 않는다. ― 미상

"일찍 일어나는 새가 벌레를 잡는다."라는 말은 근면을 강조하는 말이지만 강자의 관점에 경도된 비유다.

우리는 다양한 관점에서 생각하고 판단해야 한다. 주체의 관점, 강자의 관점, 승자의 관점, 주인공의 관점에서만 판단해서는 안 되고 대상의 관점, 약자의 관점, 패자의 관점, 조연과 엑스트라의 관점도 고려해야 한다.

○ 아는 만큼 보이고 보는 만큼 느낀다. ― 유홍준

진선미를 평가하고 역사적·사회적 의미를 해석하기 위해서는 보는 안목을 키워야 한다. 안목을 키우기 위해서는 많이 배우고 많이 생각하는 방법밖에 없다.

- "의미를 해석하고 가치를 평가할 안목을 키워라." ― 강윤호
- "사람의 품격은 그가 무엇에 가치를 두는가에 따라 결정된다." ― 아우렐리우스
- "그것다움을 알아볼 수 있는 안목을 가진 사람에게 모든 순간은 황금이다." ― 헨리 밀러

○ 과거의 반역자는 주류적 생각과는 다른 생각을 가진 사람들이었지만, 현대의 반역자는 주류적 생각을 무조건적으로 주입하는 사람들이다. ― 신문곤

탈근대적인 현대 사상의 흐름을 잘 보여 주는 말이다. 비판적 사고 없이 주류적 생각이 진실이라고 믿는 것은 미몽이다.

○ 진보는 이성과 지식보다는 의지와 상상력에 의해 만들어진다.
― 강윤호

안토니오 그람시는 "이성으로 비판적일지라도 의지로 낙관하라."라고 말한 바 있다. 아인슈타인은 "상상력이 지식보다 중요하다."라고 말한 바 있다.

이성과 지식으로는 미래가 암울하고 비관적으로 보일지라도 우리는 의지를 가지고 상상력을 발휘함으로써 미래를 낙관하고 벽을 넘고 한계를 극복해 나가야 한다. 인류의 역사는 항상 그래 왔다.

○ 당신이 간단하게 설명할 수 없다면, 이해하지 못한 것이다.
― 리처드 파인만

대부분의 경우 동감하지만 그렇지 않은 경우도 있다.
세상에는 이해하기 어려운 것 천지다. 이해하기 어려운 것을 간단히 설명하는 것, 그것은 불가능하다. 간단하고 쉬운 것만 찾으면 안 된다. 이해할 마음이 있다면 그만큼 노력이 필요한 것도 사실이다.

- "중요한 사상을 누구나 이해할 수 있도록 표현하는 것만큼 어려운 일도 없다." ― 쇼펜하우어

◇ 나는 생각한다. 고로 나는 존재한다. ― 데카르트

명석하고 판명한 것을 추구하는 근대의 문을 연 말이다. 그런데 근대를 상징하는 이 말 자체를 놓고 볼 때, 이 또한 그가 추구한 바

대로 더 이상 의심할 수 없이 명석하고 판명한가? 생각이란 것이 더 이상 의심할 여지없이 확실한가? 존재라는 것도 그러한가? 생각하지 않는 것은 존재하지 않는다는 말인가? 생각한다는 것, 존재한다는 것 자체에 더 생각할 여지가 많은 것 같은데!

　근대화로 사유가 완성되는 것이 아니다. 그래서 탈근대적 사유로 보완되어야 한다.

02

우선 나와 인생,
그리고 내가 사는 세계가 궁금하지 않나요

○ 아직 자아를 찾지 못했다고 사람들은 말한다. 그러나 진정한 자아는 찾는 것이 아니라 창조하는 것이다. ― 토머스 사스

진정한 나, 본질적인 나를 찾자고 하면서 명상하라, 여행을 떠나라 말들이 많다. 그러나 고정된 나는 없다. 세상 모든 것은 변하듯이 나도 끊임없이 변주의 과정에 있다. 순간순간 변화하고 있는 것이 나다. 매 순간 하나의 나에서 다른 나로 변해 가는 것이 나다.

창조적이고 풍요로운 반복이 될지 진부하고 단조로운 반복이 될지는 당신의 선택에 달렸다. 순간순간 최선을 다해 살아가는 것이 답이 아닌가 생각된다.

- "인생은 자신을 발견하는 것이 아니라, 자신을 창조하는 것이다."
  ― 조지 버나드 쇼

○ 당신이 결국 알게 되는 것은 당신이 가진 것은 당신 자신뿐이라는 것이다. 당신의 자아는 당신의 내부에서 수천의 빛줄기를 발하는 태양이다. 그 나머지는 아무것도 없다. ─ 피카소

당신이 가진 것은 당신 자신뿐. 수천의 빛줄기를 발하면서 변화해 가는 당신이 가질 수 있는 것도 당신 자신뿐.
재물도 사람도 당신이 소유한다고 생각하는 모든 것이 당신 자신이 될 수는 없다. 그것과의 관계가 있을 뿐, 그것들이 당신이 될 수는 없다. 그 관계를 잘 가꾸어 나가는 것이 중요하다. 그 관계 속에서 당신이 변해 갈 것이니.

○ 전 우주적 차원에서 가장 중요한 것은 각 개별자들이 자신만의 독특한 하나의 삶을 가꿔 나가는 것이다. 우리 모두는 반짝이는 하나의 별이다. ─ 강윤호

인간은 소우주라 했다. 인간은 소중하다. 나도 하나의 별이고 소우주다. 나는 소중하다. 나의 삶을 독특하게 꾸며 나가는 것은 하나의 우주를 창조하는 것이다.

- "우리는 별에서 온 존재다." ─ 칼 세이건
- "우리는 작지만 중요한 우주의 일부다." ─ 스티븐 호킹

- "당신은 '특별한' 사람은 아니지만 '세상에서 유일한' 사람, '아무도 대신할 수 없는 독특한' 사람이다." — 마리사 피어
- "인간은 다른 사람처럼 되고자 하기 때문에 자기 잠재력의 4분의 3을 상실한다." — 쇼펜하우어
- "모든 사람이 다 특별하고 모든 순간이 다 소중하다. 다른 사람보다 더 특별한 사람, 다른 때보다 더 특별한 때 같은 건 없다." — 닐 도날드 월쉬
- "인생의 가장 큰 후회 중 하나는 스스로 원하는 사람이 아닌 다른 사람이 원하는 사람이 되는 것이다." — 섀넌 알더

○ 세상은 있는 그대로의 세상이 아니라, 우리가 보는 대로의 세상이다. — 아나이스 닌

인간의 한계로 인해 세상 그대로를 알 수는 없다. 그래서 능력과 신념에 따라 우리가 보는 관점이 중요하다. 관건은 우리의 관점이 제대로 된 것인지 항상 고민하고 수정할 자세를 가져야 하는 것이다.

- "세상은 우리가 보고자 하는 대로 보인다." — 칼 융
- "우리가 세계를 보는 방식이 곧 우리가 세계에 주는 영향이다." — 데이비드 봄
- "사실은 존재하지 않는다. 오직 해석만이 있을 뿐." — 니체

○ 삶에는 특별한 의미가 없다. 그렇기에 자신이 삶에 의미를 부여해야 하는 것이다. ― 헨리 밀러

삶에 정답은 없다. 고정된 표준도 없다. 삶에 미리 정해진 의미도 없다. 예정설 같은 것은 일부 사람들의 믿음일 뿐이다. 삶의 의미는 스스로 만들고 생산하는 것이다.

그래서 해석이 중요하다. 누가 어떻게 해석하는가가 중요하다. 나도 해석하는 주체가 될 수 있다. 삶에 의미를 부여할 수 있는 것이다. 영향력은 작을지 몰라도 시도해 보자.

○ 세상의 일은 모두 나 자신의 일이며, 나 자신의 일은 곧 세상의 일이다. ― 육구연

세상의 모든 것은 사람이 알지 못할 뿐이지 모두 연결되어 있다. 상호 의존적이고, 상호 영향을 주고받는 것이다. 그 강도, 그 정도만 다를 뿐이다.

- "다른 사람의 삶에 영향을 미치지 않는 삶은 중요하지 않다." ― 재키 로빈슨

○ 독특하게 살라! ― 강윤호

독자적이고 특이하게 살라. 남들이 대체할 수 없는 삶을 살라. One of them이 아닌 Only one이 되어라.

누구나 의미 있는 삶을 살고자 할 것이다. 나의 삶이 다른 사람의 삶과 바뀌어도 별다른 차이가 없다면 그 삶이 의미가 있을까? 그들 중 누구도 나를 대체할 수 없는 나만의 독자적이고 특이한 삶을 가꾸는 것이 의미가 있지 않을까?

- "유행은 사라지지만 스타일은 영원하다." ― 코코 샤넬
- "너 자신이 돼라. 다른 사람은 이미 있으니까!" ― 오스카 와일드
- "대부분의 사람들은 '그들'이다. 그들의 생각은 이미 다른 사람이 낸 의견이고, 그들의 삶은 모방이며, 그들이 말하는 열정이란 인용구일 뿐이다." ― 오스카 와일드

○ 삶의 의미는 자신의 재능을 발견하는 것이고, 삶의 목적은 그것을 나누는 것이다. ― 피카소

당신의 독특한 재능을 찾는 것이 당신 삶에서 커다란 의미를 가질 것이다. 당신이 가치를 추구하는 사람이라면 당신 삶의 목적은 당연히 당신만이 가진 재능을 널리 베푸는 데 있을 것이다.

○ 진정한 욕망 없이 진정한 만족은 없다. — 볼테르

나답게 살기 위해서는 나의 욕망을 아는 것이 관건이다. 그냥 욕망이 아니라 진정한 욕망이어야 한다. 진정한 만족을 주는 것이 진정한 욕망이다. 단순한 쾌락을 주는 것만으로는 진정한 욕망이 될 수 없다. 오감 만족을 진정한 만족이라 생각하는 사람이 얼마나 있을까?

진정한 욕망은 깊은 생각을 필요로 한다. 내가 진정 원하는 것은 무엇인가? 나다운 나를 실현하는 것은 무엇을 통해서인가? 진짜 내가 원하는 것인가, 타인들이 원하는 것인가, 사회가 나에게 요구하는 것인가? 깊은 사색을 통해서 내가 진정 원하는 것, 내가 진정 이루고자 하는 것을 찾아내는 것이 지혜롭고 행복한 삶의 첫걸음이 될 것이다.

- "자신의 소망과 욕망을 의식하고 있는 한 인간은 스스로가 자유롭다고 여기나, 그들은 무지의 상태에 있기 때문에 자신으로 하여금 소망하고 욕망하도록 만드는 원인들에 대해 꿈에도 생각하지 않는다." — 스피노자

○ 삶에서 가치 있는 것은 무엇이든 오직 나눌 때에만 증가해 간다. — 디팩 초프라

"슬픔을 나누면 반이 되고 기쁨은 나누면 배가 된다."라는 말이 있다. 가치 있는 모든 것은 나누면 더 가치가 커지는 것이 세상의 이치인 것 같다. 윤리적·도덕적 가치는 물론이고 우리가 즐기는 예술적 가치도, 더 나아가 경제적 가치도 예외가 아니다.

돈이나 재물도 한데 쌓아놓기보다는 널리 나누는 것이 전체적으로 가치를 높인다는 것이 경제 법칙이기도 하다.

◇ 내게는 인간에 대한 믿음 외에 어떤 믿음도 필요치 않다.
― 펄 벅

나는 신을 믿는다. 그러나 인간이 만든 신은 믿지 않는다. 인간은 불완전하기도 하지만 신뢰할 수 없기 때문이다. 펄 벅 여사는 훌륭한 분이다. 그리고 자신감도 대단한 분인 것 같다. 자신을 신뢰하지 않는 사람이 인간을 신뢰할 수는 없는 법이다.

나는 그렇지 않다. 나의 부족함을 너무 느낀다. 그리고 어릴 때는 모든 사람들이 착한 줄 알았는데 철들고 나서 보니 나보다 못한 인간도 많은 것 같다. 천사도 될 수 있고 악마도 될 수 있는 것이 인간이다. 민주주의자로 길러질 수도 파시스트로 길러질 수도 있는 것이 인간이다.

인간에 대한 믿음, 좋은 말이다. 그러나 그 외에 어떤 믿음도 필요치 않다는 말에는 동의하기 어렵다.

- "사람은 우리가 생각하는 것 이상으로 도덕적이며, 우리가 상상할 수 있는 것 이상으로 부도덕하다." ― 프로이트
- "사람에 대해 더 많이 알수록 나는 내 개를 더 좋아합니다." ― 마크 트웨인

○ 훌륭한 상식과 선량한 취미를 가진 사람은 바로 그 이유로 독창성이나 도덕적 용기를 결여한 사람이다. ― 조지 버나드 쇼

보수적인 사람과 진취적인 사람, 정주적인 사람과 유목적인 사람, 근대적인 사람과 탈근대적인 사람을 잘 구별해 주는 말이다. 당신의 취향은 어느 쪽인가? 조지 버나드 쇼는 후자에 더 점수를 주는 것 같다.

- "삐딱한 생각을 하는 것을 두려워하지 말라. 지금 받아들여지고 있는 생각이 한때는 모두 삐딱한 생각이었다." ― 버트런드 러셀
- "남이 나를 어떻게 바라볼 것인가 하는 것을 포기한 순간부터 굉장히 자유로웠다. 아무도 가 보지 않는 곳을 가고 싶었다." ― 백남준

○ 세상은 문학 없이도 아주 잘 지낼 것이다. 인간이 없다면 더 잘 지낼 것이다. ― 사르트르

인간은 지구의 관점에서는 백해무익한 존재다. 인간을 위한 개발은 자연 파괴를 의미한다.
자연과 지구를 지켜야 인간도 잘 살 수 있다. 인간도 자연의 일부라는 것을 잊지 않아야 한다.

○ 겸손은 미덕이지만 자기 자신을 부끄러워하는 것은 악덕이다. ― 벤저민 프랭클린

수치심을 가져야 하는 것은 사람으로서의 필수적 미덕이지만 자신감을 갖지 못하고 스스로를 무시하는 것은 대단히 잘못된 일이다.

○ 이 세상을 항해하는 데는 두 가지 길이 있다. 하나는 인생을 개선하는 것이고, 다른 하나는 인생을 즐기는 것이다. ― E. B. 화이트

인생에 있어 맞이할 가장 중요한 선택 중 하나다. 나눌 수 있는 행

복을 추구하는가, 나만의 행복을 추구하는가? 선택은 자유다. 둘다 할 수 있다면 더할 나위 없이 좋을 것이다.

남의 것을 도둑질하지 않는 한 후자도 비난받을 일은 아니다. 인생을 개선하는 것도 결국은 모두가 더욱더 인생을 즐기게 하는 것이 목표다.

○ 삶은 소유물이 아니라 순간순간의 있음이다. 영원한 것이 어디 있는가? 모두 한때일 뿐. 그러나 그 한때를 최선을 다해 최대한으로 살 수 있어야 한다. ─ 법정

많은 사람들이 현재가 중요하다고 한다. 최선을 다해 최대한으로 현재를 산다면 과거도 미래도 저절로 최선과 최대가 될 것이다.

• "하루를 잘 보내는 것이 인생을 잘 사는 것이다." ─ 쥘 르나르

○ 현재만이 존재한다. 과거는 기억일 뿐이고 미래는 기대일 뿐이다. ─ 강윤호

우리가 시간이라고 부르는 것은 기간일 뿐이다. 존재하는 것은 현

재라는 순간일 뿐이다. 과거라는 시간, 미래라는 시간은 없다. 우리가 기억하지 않으면 과거라는 것은 없다. 우리가 기대하지 않으면 미래라는 것은 없다.

전과 후, 과거와 미래라는 관념만 있을 뿐이지 시간이라는 것은 없다. 지구가 돌고, 해가 뜨고 질 뿐이지 시간의 흐름이라는 것은 없다. 스스로 존재들이 변하는 것이지 시간이 바꾸는 것은 아무것도 없다. 시간이 해결해 주는 것이 아니라 스스로가 이겨 내는 것이다. 기억과 기대하에서 현재 우리가 어떻게 하느냐에 모든 것이 달려 있다.

- "과거는 결코 사라지지 않는다. 그것은 아직 지나가지도 않았다."
  ─ 윌리엄 포크너
- "시간이 흐른다고 미래가 되지는 않는다." ─ 피터 틸

○ 세상을 움직이려면 먼저 나 자신을 움직여야 한다. ─ 소크라테스

세상이 변하기를 원하는가? 세상을 변화시키고 싶은가? 그렇다면 먼저 자신이 변화하라. 생각을 바꾸고, 행동을 바꾸라.

- "자신의 마음을 변화시킬 수 없는 사람은 그 어떤 것도 변화시킬 수 없다." ─ 조지 버나드 쇼

● 인생은 적응이다. 산다는 것은 환경에 부단히 적응하는 것이다. ― 허버트 스펜서

다윈의 진화론을 사회에 적용한 말이다. 적응을 잘하는 것이 처세의 중요한 부분임에는 틀림없다.

그러나 사람은 짐승과는 다르다. 자유의지라는 게 있다. 의지가 진정으로 자유로울 수 있는지 철학적으로 논쟁이 많고 분명한 답이 있는 것도 아니다. 그러나 분명한 것은 자유의지가 없다고 결론지을 수도 없다는 것이다.

사람은 의지로 저항하고 개척하는 존재다. 적응만 내세우는 것은 환경에 순응하며 살라는 말이다. 환경을 만드는 것은 그 사회의 지배자인 경우가 많다. 지배자의 논리를 꿰뚫는 통찰이 있어야 지배와 복종을 모두 거부하는 민주주의자로서 사람답게 살 수 있다.

○ 평가받는 '나'보다는 평가하는 '나'가 되자. ― 강윤호

철학을 하든 과학을 하든 예술을 하든 아니면 다른 것을 하든, 평가받는 대상이 되는 것도 좋지만 우리 모두 평가하는 주체가 되도록 노력하자.

한편으로 좋은 평가를 받으면 나는 행복할 것이다. 다른 한편으로 내가 선과 악, 미와 추, 참과 거짓을 평가할 줄 안다면 나는 모든

것을 수용하고 여유로워질 수 있으리라. 평가받기만 하고 평가할 줄 모르면 나쁜 평가를 견디지 못할 것이다.

○ 누군가를 위해 더 좋은 사람이 되고 싶었다. 앞으로 나아갈 이유는 그것만으로도 충분하다. ─ 정유선

삶의 이유는 사람마다 다르겠지만 이보다 더 멋진 이유가 있을까? 한 사람도 좋고 전 인류라도 좋고.
자신의 존재가 다른 이를 기쁘게 한다면 그것만큼 기분 좋은 일이 또 있겠는가? 나를 스쳐간 모든 사람들이 행복했으면 좋겠다.

- "자신을 기분 좋게 하는 최상의 방법은 주위의 모든 사람을 기분 좋게 만드는 것뿐이다." ─ 마크 트웨인

○ 때로는 산다는 것 자체가 용기 있는 행동이다. ─ 세네카

때로는 삶을 포기하고 싶을 때도 있을 것이다. 그러나 진정 죽기를 원하는가? 그렇지 않을 것이다. 용기를 가져라. 두려워하지 마라.

○ 나는 '나의 물질적, 정신적 생활이 다른 사람의 노동 위에 이루어진다.'라고 하루에 100번씩 되뇐다. ― 아인슈타인

'세상은 어떻게 유지되는가?' 한 번쯤 생각해 보았는가? 내가 누리는 일상이 누구의 희생과 봉사로 이루어지고 있는지, 세상이 굴러가는 데 누구의 수고가 깃들어 있는지 되돌아볼 줄 알아야 양심과 양식이 있다고 할 수 있다.
아인슈타인이 칭송받는 이유는 그가 과학적 천재이기 때문만은 아니다. 고결한 심성과 함께 제대로 된 사회적 인식도 갖추었기 때문이다.

○ 외향적인 성격은 '넓이'의 인생을 만들고, 내성적인 성격은 '깊이'의 인생을 만든다. ― 마티 올슨 래니

혹여 자신의 성격을 탓할 필요가 없다. 자신의 색깔대로 결대로 살아가면 된다.

○ 이분법이 사라지는 곳에 낙원이 있다. ― 롤랑 바르트

세상은 둘로 나누어지지 않는다. 세상은 하나이되 무한으로 나누어진다. 그래서 철학에서 세상을 일자도 아닌, 다자도 아닌, 다양체(multiplicity)라고 부르는 것이다.

세상은 모든 것이 연결되어 있고 상호 작용한다. 세상을 두 개로 나누어 서로 대립하는 것으로 보는 것이 인간의 한계요 비극이다.

○ 세월은 주름을 만들지만, 인생은 그 주름 속에 의미를 새긴다.
— 오드리 헵번

의미 있는 그 주름을 억지로 메꾸며 가치를 절하시키는 인간들이 많다. 뭐, 그렇다고 비난할 수는 없는 일이지만.

○ 내가 세상에 태어난 이유는 나 아니면 할 수 없는 일 하나가 세상에 있기 때문이다. — 아이다 미츠오

이렇게 믿는다면 살아가는 데 큰 힘이 될 듯.

○ 여성성, 남성성이라는 것은 없다. 인간성만이 있다. ― 강윤호

인간의 특성 중에 여성성이나 여성다움, 남성성이나 남성다움이라는 것은 없다. 왜냐하면 여성, 남성 모두 같은 인간이기 때문이다.

- "미래에는 여성 리더는 없을 것이다. 리더만 있을 것이다." ― 셰릴 샌드버그

○ 쾌락이 없다면 존재할 이유도 없다. ― 미셸 옹프레

쾌락이 삶의 조건임은 분명하다. 그러나 퇴폐로 흐르지 않는 절제된 쾌락이어야 할 것이다.

- "어떠한 쾌락도 그 자체로는 나쁘지 않다. 그러나 많은 경우에 그 수단이 악의 씨앗이 된다." ― 에피쿠로스

○ 인간에게는 동물을 다스릴 권한이 있는 것이 아니라 모든 생명체를 지킬 의무가 있는 것이다. ― 제인 구달

강자의 미덕은 약자를 지배하는 데 있는 것이 아니라 약자를 보호하는 데 있다. 인간은 지구상의 최강자다. 지구의 모든 생명체를 보호하고 지속시킬 의무가 있다. 그것이 인간 자신을 지키는 일이기도 하다.

○ 자연의 파괴보다 인간의 파괴가 더 심하고, 야만인의 파괴보다 문명인의 파괴가 더욱더 심하다. — 양계초

지구에 가장 큰 해악을 미치는 존재는 무엇일까? 단연 인간이 아닐까? 인간이 문명화하면 할수록 파괴의 강도는 더 심해지는 것 같다. 소비주의, 물신숭배, 무한경쟁, 성장만능주의 등등. 아무래도 절제하지 않고 성찰하지 않는 인간은 지구를 떠나야만 할 것 같다.

○ 가장 위대하고 중요한 인생의 문제들은 본질적으로 해결이 불가능하다. 그것들은 해결하기보다는 오직 넘어설 수 있을 뿐이다. — 칼 융

넘어선다는 것, 초월의 경지, 즉 믿음, 사랑, 용서, 직관, 해학…….

○ 모든 것은 읽히기 마련이다. 옷, 음식, 사진, 스포츠…… 이 모든 것은 기호로 이루어져 있다. ― 롤랑 바르트

존재하는 모든 것이 해석될 수 있는 기호다. 글도 말도 소리도 물건도 사람도 그 어떤 것도 기호가 될 수 있다. 모든 것은 그 자체로 존재하는 것이 아니라 해석된 의미에 불과하다. 어떻게 해석되는가에 따라 의미가 달라진다.

말과 글은 기호의 대표다. 지혜를 줄 수도 미혹을 줄 수도 있다. 해석에 의해서 진위, 선악, 미추가 바뀔 수도 있다. 어떤 관점에서 어떻게 해석하는가가 중요하다. 요컨대 세계를 보는 안목과 관점을 잘 세우는 것이 중요하다.

- "저자의 죽음은 텍스트의 탄생이다. 텍스트는 작가가 아니라 독자에게 의미를 준다." ― 롤랑 바르트

○ 자연은, 세계는 힘과 힘의 작용이다. ― 강윤호

물질도 힘이고, 정신도 힘이다. 우리가 모르는 것은 그 힘의 내용과 작용의 과정이다. 인류가 영원히 풀어야 할 수수께끼들이다.

현대 사유를 집대성한 철학자 질 들뢰즈는 세계는 거대한 추상기계이고, 존재자들은 모두 구체적인 기계들이라고 했다. 존재하는 모

든 것은 힘으로 추동되는, 힘과 힘이 작용하는 기계들이고, 인간도 마찬가지라는 것이다. 나는 이러한 설명이 지금까지 존재하는 세계관 중에서 가장 설득력이 있다고 본다. 지금까지의 과학적 지식에 가장 부합하는 관점이라고 생각한다.

물질로 이루어진, 눈에 보이는 각각의 육체와 달리 정신, 영혼은 전체로서 하나인가 아니면 각각의 육체에 깃들어 있는 여럿인가?

생명은 육체와 정신의 결합이다. 외면적으로는 각 육체마다 하나의 정신이 존재하는 것처럼 보인다. 육체적 죽음 이후에도 각각의 정신이 그대로 존속한다면 사후 세계라는 것이 따로 존재할 것이다. 육체는 없어도 살아 있는 정신들이 구성하는 또 다른 세계가 있을 것이다. 아니면 다른 육체로 들어가 환생할 수도 있겠지. 천국도, 지옥도, 윤회도 가능하겠지.

근데 과연 정신이 각각 존재할까? 의심스럽다. 또한 그 정신이란 게 그대로일까? 아니면 기억을 상실하게 될까? 인간의 정신은 영원히 인간의 것이고, 짐승의 정신은 그대로 짐승의 것일까? 나로서는 아무리 생각해도 정신은 전체로서의 하나가 아닐까 싶다. 자연 전체가 하나의 커다란 생명이자 정신이라고 볼 수도 있을 것이다. 생명은 거대한 정신으로서의 자연의 일부로 태어나 그 에너지가 다 소진되면 다시 거대한 생명인 자연으로 합체된다고 보는 것이 그럴듯하지 않나?

실체를 마음과 육체의 두 개로 보는 심신이원론이 맞는지, 마음과 육체를 하나의 실체의 두 가지 속성으로 보는 실체일원론(속성이원론)이 맞는지 알 도리는 없다. 꼬리를 무는 생각과 생각의 끝없는 연

속일 뿐이다. 결론은 없다. 한번 생각해 보자는 것일 뿐.

◇ 자연에는 원칙이 없다. 따라서 선악을 구별하지 않는다. ― 아나톨 프랑스

인간과 자연을 구분해서 생각하는 경향이 많은데, 달리 생각하면 인간의 육체뿐만 아니라 인간의 의식과 무의식도 모두 궁극적으로는 자연의 산물이라고 볼 수도 있다. 자연의 산물인 인간은 선악을 사유하고 구별한다. 그런데 인간을 창조한 그 자연이 선악을 구별하지 않는다고 단정할 수 있을까?

자연을 신으로 보든 그렇지 않든 자연의 오묘함을 함부로 단정해서는 안 된다고 본다. 자연은 너무도 신비하며 불완전한 인간의 사고로는 감히 범접할 수 없는 영역이 존재한다. 자연은 선악을 구별하지 않으며, 진화를 넘어 진보를 지향하지 않는다고 단정할 근거는 어디에서도 찾기 어렵다.

◇ 완전한 인공지능이 개발되면 인류는 종말을 고할지도 모른다. 기계가 인간의 지능을 초월할 때 벌어질 일은 누구도 예측할 수 없다. 인간이 기계의 무한한 도움을 받게 될지, 아니면 무시

당하고 소외될지, 혹은 아예 파멸할지 알 수가 없는 것이다. ─ 스티븐 호킹

완전한 인공지능은 인류의 진보를 가져올 것인가, 인류의 파멸을 가져올 것인가?

인공지능이 인간의 지능은 초월할 수 있겠지만 인간의 정신능력을 완전히 대체하는 지경에까지는 이르지 못할 것이라고 생각한다. 나는 인간의 지혜로써 기계의 지능을 통제할 수 있다고 본다. 얼마든지 인간과 인공지능의 공존이 가능할 것이다. 인공지능은 생명이 될 수 없고, 인간 자체를 초월할(트랜스휴먼) 수는 없으며, 인공지능의 배후에는 인간이 있을 수밖에 없기 때문이다.

"진보는 홍익인간"이라고 했다. AI의 발전이 진보가 되려면 인공지능이 인간을 지배해서는 안 된다. AI는 인간의 지혜로써 통제되어야 하고 그렇게 될 수 있을 것이다. 지능의 교묘함으로 인간의 지혜와 직관능력, 공감능력, 그리고 배려심 같은 감성도 흉내는 낼 수 있을 것이다. 그러나 종합적이고 전체적으로 볼 때 인공적인 지능이 자연적인 인간을 대체할 수는 없다. 인간은 영원히 불완전할 것이지만 자연은 완전하기 때문이다.

인공지능은 인류의 모든 지능을 합한 것을 능가할 수는 있어도 단 한 사람의 직관에도 못 미칠 수 있다. 계산적 지능을 넘어 철학적·윤리적 직관과 본능적 무의식, 그리고 열정적 욕망을 갖춘 인간은, 인공지능에게 있어 모방하고 다가갈 수는 있지만 영원히 도달할 수 없는 극한적 존재다. '인공적인(artificial)'이라는 꼬리표가 말해 주

듯이 인공지능은 자연적인(natural) 생명을 가진 인간의 인식능력과 같아질 수는 없다. 인공지능의 창조는 인간의 영역이지만 인간의 창조는 영원히 자연의 영역으로 남을 것이다.

  요컨대 인공지능의 발전은 인간의 초월이 아닌 인간과 조화를 이루는 진보의 길로 가야 하며, 그리 될 수밖에 없을 것이다.

03

늙어서 고독하게 살다가
죽는 게 두려운가요

○ 인생의 가장 좋은 나이는 바로 지금이다. — 제현

당신이 항상 성실히 최선을 다해 살아왔다면 지금이 당신의 육체와 정신이 가장 조화롭고 안정된 상태일 것이다.

○ 내가 여기까지 오는 데 치른 값이 얼마인데요. 나는 그것을 되풀이하고 싶지 않습니다. 나는 지금이 가장 좋아요. 지금을 잘 누리기 위해서 살아온 겁니다. — 펄 벅

'다시 청춘으로 돌아간다면 무엇을 하고 싶으신가요?'에 대한 답변이다. 인생을 진지하게 열심히 살아온 자의 현답이라 생각된다.

○ 젊다는 것은 싱싱한 육체를 가지고 있다는 것이다. 마음껏 누리고 활용하라. ― 강윤호

싱싱한 육체는 가볍고 발랄하다. 어린아이들은 지칠 줄 모른다. 싱싱한 육체로 행동하라. 죽으면 썩어 없어질 육체, 싱싱할 때 마음껏 누리고 활용하라.

생각이 가장 진보적일 수도 가장 반동적일 수도 있는 것이 육체가 싱싱한 젊은 때다. 부조리를 보면 정의감과 투쟁심이 '뿜뿜' 솟아오르는가 아니면 강자를 부러워하며 약자를 상대로 힘을 과시하고 싶은가? 힘을 나누고 싶은가 힘을 부리고 싶은가?

만일 전자라면, 생각하라. 공부하라. 책과 사람을 만나라. 연대하라. 정치를 하라. 혁명을 하라. 절대 혼자가 아니다. 길은 반드시 있다. 무엇을 해야 할지 앞길이 전혀 보이지 않을 때 생각하고 또 생각하고 과감히 행동으로 나서라. 절대 포기하지 마라.

○ 젊은이들이 어른들과 똑같은 방식으로 생각하지 않는다고 해서 틀린 것은 아니다. 그들은 단지 다른 세상에 준비되어 있을 뿐이다. ― 마거릿 미드

나이 들어 꼰대가 되지 않도록 조심하자.

○ 육체가 늙어 감에 따라 정신이 비례해서 성숙해 간다면 아무 문제가 없다. ― 강윤호

나이 들수록 그에 걸맞은 지혜가 필요하다. 나이 먹는 것이 두렵다면 미래로 갈수록 괴로울 수박에 없다. 육체의 쇠락은 불가피하다. 정신으로 커버해야 한다.

- "나이 먹는 것에 대해 걱정하지 마라. 성장하지 못하는 것에 대해 생각하라." ― 필립 로스
- "그 연령에 맞는 지혜를 갖지 못한 사람은 그 연령에 맞는 모든 고난을 겪는다." ― 볼테르
- "나이란 성숙해지기 위해 치르는 비싼 대가다." ― 톰 스토파드
- "어리석은 자에게 노년은 겨울이다. 현자에게 노년은 황금기이다." ― 『탈무드』
- "나이 50에 스무 살 때와 똑같이 세상을 본다면 30년의 삶을 허비한 것이다." ― 무하마드 알리
- "나이 드는 것은 쇠퇴가 아니라, 내면의 생명이 익고 터지며 껍질을 벗어나는 것이다." ― 조지 맥도널드

○ 늙는 것처럼 쉬운 일은 없다. 가장 어려운 것은 아름답게 늙어 가는 것이다. ― 앙드레 지드

아름답게 늙어 가는 것이 어떤 것일까? 육체의 쇠락을 감수하며 그것을 벌충할 지혜와 덕을 쌓아 가는 것이 아닐까?

○ 젊음은 자연의 선물이나 노년은 자신이 만든 작품이다. ─ 가슨 캐닌

슬기롭게 늙어 가자.

늙어 가면서 기억력도 줄고, 독서도 사람들과의 교류도 힘들어지지만 생각은 더욱 넓어지고 깊어지는 것 같다. 많은 사람들이 청년기보다 중년이 지나서 자신의 사고력이 더 깊어졌음을 인지한다. 좋은 작품들도 50대를 지나 많이 만들어지는 것 같다.

- "아름다운 젊음은 우연이지만 아름다운 노년은 예술 작품이다."
  ─ 엘리너 루스벨트
- "마흔 살은 청년의 노년기이며, 쉰 살은 노년의 청년기다." ─ 빅토르 위고

○ 노인의 무기는 덕력(德力)이다. — 강윤호

　인간은 지덕체(智德體)로 구성되어 있다. 인간 수명이 많이 길어지고 있지만 대체로 체력은 20~30대가 피크이고, 지력은 40~50대가 피크인 것 같다. 내 경험으로 봐도 그렇다.
　하지만 덕의 힘은 피크가 없다. 나이가 들수록 덕은 계속 쌓아나갈 수 있다. 그동안의 경험과 지식과 사유를 바탕으로 지혜가 계속 쌓이면서 덕력은 계속 커질 수 있다. 덕의 힘으로 나이 들면서 약해지는 체력과 지력을 보상하고 더 남을 수도 있을 것이다. 그것으로 노년의 값진 시간을 보낼 수 있다.

○ 젊은 시절에는 하루는 짧고 1년은 길다. 노년 시절에는 하루는 길고 1년은 짧다. — 교황 바오로 6세

　젊은 시절에는 주로 차이의 반복이, 노년 시절에는 주로 동일성의 반복이 이어지는 것이 당연하다. 젊은 때는 하루하루가 다사다난하게 바쁘게 돌아가지만 늙어서는 변동이 적은 하루하루가 지루할 수밖에 없다.
　그러나 돌이켜보면 바쁘게 돌아갔던 지난 1년은 사건들로 꽉 찬 긴 여정이었던 것으로 느껴지는 반면, 별 사건 없이 지나간 1년은 금방 휙 사라져 버린 것처럼 느껴질 때가 많다. 늙어 가면서도 여러

가지 다채로운 삶을 가꾸는 데 노력하자.

○ 인간은 혼자 있을 때만 온전히 그 자신일 수 있다. 고독을 사랑하지 않는 자는 자유를 사랑하지 않는 자라 할 수 있다. ― 쇼펜하우어

인간은 고독을 피할 수 없다. 고독을 자유로 승화시키는 지혜를 갖도록 하자.

- "고독은 위험한 것이다. 왜냐하면 매우 중독성이 있기 때문이다. 고독이 얼마나 평화롭고 차분한 것인지를 깨닫고 나면 그것이 습관이 될 것이다. 그리고 당신의 에너지를 고갈시키는 사람들을 더 이상 만나고 싶지 않게 될 것이다." ― 짐 캐리
- "나는 무리 지어 다니는 사람들 중 제대로 된 인생을 사는 사람을 본 적이 없다." ― 니체
- "자유는 언제나 비용을 요구한다. 그리고 그 비용은 종종 고독이다." ― 미셸 옹프레

○ 우주가 얼마나 큰 것인가를 가르쳐 주는 것은 거대한 고독 뿐이다. — 카뮈

많은 사람에게 고독이 고통임은 분명하다. 그러나 그것은 인간 존재로서 피할 수 없는 것이다. 슬기롭게 극복하는 수밖에 없다. 그러기 위해서는 고독의 장점을 취해야 한다. 고독의 가장 큰 장점은 사색을 불러온다는 것이다.

고독의 순간에 생각하는 즐거움을 가져 보자. 생각의 범위는 우주까지 펼쳐질 수 있다. 얼마나 장쾌한가?

- "고독(solitude)이란 외로움(loneliness)이 아니다. 고독은 고요한 우주 전체가 당신을 조용히 감싸 안고 있을 때 느낄 수 있는 것이다."
  — 빅토리아 에릭슨
- "외로움이란 혼자 있는 고통을 표현하기 위한 말이고, 고독이란 혼자 있는 즐거움을 표현하기 위한 말이다." — 폴 틸리히

○ 외로움은 감정에 불과하지만 고독은 깊은 성찰이다. — 강윤호

고독은 단순한 감정이 아니다. 고독은 나의 완벽한 객관화, 대상화로 가는 길이다. 좀 어려운 말로 하면 외로움은 즉자적이고 고독은 대자적이라고 할까?

나는 무엇인가? 나와 타자의 관계는? 나 밖의 세계는 무엇인가? 나는 어디서 와서 어디로 가는가?

- "고독은 인간이 자신과 마주하는 것이다." — 미상
- "고독 속에서 네가 누구인지, 무엇을 원하는지 발견하라." — 잘랄루딘 루미

◇ 나는 유신론자다. 그러나 나는 불완전한 인간이 만든 신은 믿지 않는다. 신은 완전한 존재다. 완전한 것은 자연뿐이다. — 강윤호

나는 부처, 예수, 마호메트, 공자, 소크라테스 등을 성현으로서 존경한다. 그러나 그들을 신으로 숭배하지는 않는다. 내가 숭배하는 존재는 자연이다.

'그것에서 모든 것이 생겨나고 그것으로 모든 것이 돌아가는' 바로 '그것'이 신이라고 할 수 있다. 철학에서 말하는 실체 혹은 궁극의 원리가 그것이다. 흔히 사람들이 "인간은 흙에서 와서 흙으로 돌아간다.", "모든 것은 자연으로부터 생겨서 자연으로 돌아간다."라고 하는데, 이러한 평범한 말들이 어쩌면 가장 심오한 진실을 포함하고 있는 것이 아닐까?

신으로서의 자연은 선할 수밖에 없다. 신의 조건은 전지전능을 넘어 지선(至善)이자 지복(至福)이다. 악(惡)의 신, 화(禍)의 신은 형용모

순이다. 자연이 인간을 창조한 목적이 있다고 나는 믿는다. 그 목적은 선할 것이다. 삶과 죽음 모든 것이 자연의 섭리에 따라 이루어진다. 자연의 섭리는 인간의 상상을 초월할 것이지만 나는 궁극적으로 낙관한다.

- "신은 자연이며, 자연은 곧 신이다." — 스피노자
- "나는 인격적인 신을 믿지 않는다. 그러나 우주의 조화로운 구조에 대해 경외심을 느낀다." — 아인슈타인
- "종교는 일반인에게는 진리이고, 현자에게는 거짓이며, 권력자에게는 유용하다." — 미상
- "신은 객관적 존재가 아니라 심리적 필요에 따라 인간이 만들어 낸 환상에 지나지 않으며, 종교란 어떤 객관적 진리를 보여 주는 것이 아니라 심리적 만족을 위해 인류가 꾸며 낸 환상적 이야기에 불과하다." — 프로이트
- "모든 종교는 공포의 토대 위에 세워졌다. 악천후, 천둥, 폭풍 등이 이런 공포의 원인이다. 자연 현상에 대해 무력감을 느낄 수밖에 없었던 인간은 자신보다 강한 존재에게서 도피처를 찾고자 했다. 나중에 가서야 야망을 가진 사람들, 교활한 정치가와 철학자들은 사람들이 쉽게 믿는 경향을 자신들에게 유리하게 이용할 줄 알게 되었다." — 장 바티스트 드 봐예
- "그들은 천국에서의 영원한 삶을 가르치며 이승에서 죽음의 절망을 주입시켰다. 이런 식으로 종교는 인간에게 허락된 유일한 장점을 철저하게 없애버렸다. 유한성을 기꺼이 인정하면서 즐거운 마음으로

죽는 것!" ─ 미셸 옹프레
- "인간은 신이 저지른 실수에 불과한가? 아니면 신이야말로 인간이 저지른 실수에 불과한가?" ─ 니체
- "만약 악마가 존재하지 않는다고 하면, 인간이 그것을 만들어 낸 것이 된다. 그렇다면 인간은 분명 자신의 모습과 비슷하도록 악마를 만들었을 것이다." ─ 도스토예프스키
- "우주에 시작이 존재하는 한, 우리는 창조주가 있었다고 가정할 수 있다. 그러나 우주가 모든 것을 완전히 품고 있으며, 우주에 경계선도 가장자리도 없다면 시작도 끝도 없을 것이다. 우주가 그냥 존재하는 것이다. 그렇다면 여기서 창조주의 자리가 어디일까?" ─ 스티븐 호킹

◇ 모든 생각할 줄 아는 사람은 무신론자다. ─ 헤밍웨이

신이란 것을 어찌 정의하느냐에 따라 다르겠지.

◇ 신은 증명되는 것이 아니라 체험되는 것이다. ─ 제현

불완전한 인간의 능력으로 신을 증명할 수는 없다. 그래서 체험될 수 있을 뿐이라고 많은 사람들이 주장한다. 결국 신은 객관적 증명

의 대상이 아니라 주관적 체험을 통한 믿음의 대상인 것이다. 문제는 체험이 주관적이라는 데 있다. 신의 체험이 단지 뇌의 착각일 수도 있는 것이다.

신적 체험은 얼마든지 오염되고 왜곡될 수 있다. 사이비 종교가 그래서 가능하다. 종교적 체험이 과학적이고 철학적인 사유로 끊임없이 정화되어야 하는 이유다. 영성과 이성의 조화로운 균형이 있어야 한다.

○ 물리법칙을 벗어나는 것이 기적이 아니라 물리법칙 자체가 기적이다. ― 강윤호

물리법칙 자체가 신비하고 기적적인 것이다. 양자역학은 실로 신비롭다. 신이나 구세주, 메시아가 따로 있는 것이 아니다. 존재가 신이고 자연이 신이다.

존재하는 모든 것이 기적이고 한순간 한순간이 기적의 연속이다. 우리 인간이 할 일은 끊임없이 자연의 신비를 벗기려 노력하면서 우리의 의지로써 앞길을 열어 나가는 것이다.

완전한 신으로서의 자연은 인간의 의지와 조화하면서 진보를 이루어나갈 것이다. 진보는 자연의 섭리로서 불가피하다. 인간의 어리석음으로 인한 퇴행과 반동은 찰나에 불과하다.

- "기적을 보기 위해 힘들게 찾아다닐 필요 없다. 애벌레가 나비 되고 가녀린 풀이 아름다운 꽃을 피우고 작은 도토리가 커다란 참나무로 자라나는 것, 이보다 더 놀라운 기적이 또 어디 있겠는가?" ― 이드리스 샤흐

○ 인간이 결코 이해할 수 없는 것이 존재하고, 그것이 최고의 지혜와 아름다움으로 구현되어 있다는 것, 인간의 부족한 능력으로는 뚜렷하게 인식할 수 없는 것이 있음을 깨닫는 것. 이것이 바로 진정 종교를 대하는 마음가짐이다. 그런 의미에서 나는 지극히 믿음이 깊은 인간이다. ― 아인슈타인

나는 신의 존재를 믿고, 신의 선함을 믿는다. 악은 영원할 수 없음을 믿는다.

신은 인간과 닮지 않았다. 신은 신이다. 인간이 감히 상상할 수 없는 존재다. 인간의 상상을 뛰어넘음으로써 신의 자격이 있다.

신만이 완벽한 존재다. 완벽한 것은 진실하고 선하고 아름답다. 신을 믿음으로써 우리는 진선미에 다가갈 수 있다. 신을 믿는다는 것은 위악추를 거부하는 것이다.

- "그래도 영원한 것에 관심을 품는 것이 가장 좋을 것이다. 왜냐하면 그것만이 인간 사회에 평화와 평온을 회복시키는 정신의 원천이기

때문이다." — 아인슈타인

○ 죽음을 두려워하지도 않고, 또 그것을 원하지도 않는 삶을 살아야 한다. — 제현

"죽음이란, 인간에게 끊임없이 들려오는 배경음악이다."라고 한 불안의 철학자 하이데거의 말처럼 인간은 무의식적으로 죽음을 전제로 하면서 살 수밖에 없다. 그러나 죽음을 너무 두려워하지는 말자. 삶을 위해 죽음을 직시할 필요가 있다.

진정 죽음이 좋아서일까 아니면 죽음에 대한 공포를 덜기 위해서일까? 많은 사람들이 불가피한 죽음을 긍정하고 찬미하기까지 했다. 나도 죽으면 진리에 도달할 수도 있지 않을까 생각하는 사람이다. 그러나 자살은 동의할 수 없다. 자살은 삶의 포기다. 삶의 짐을 못 이기고 죽음을 선택하는 자가 많다. 죽음에 대한 공포를 마다않는 그들의 마음은 오죽할까?

그럼에도 불구하고 죽음보다 삶의 찬미가 먼저여야 한다. 삶을 더 가볍고 경쾌하게 만들어야 한다. 그것이 살아 있는 모든 자들의 의무라고 생각한다. 이에 더해 죽음을 직시하고 그것의 고통과 두려움을 덜어 내는 일이 반드시 필요하다. 사의 찬미가 아니라 심오한 통찰이 필요한 것이다.

- "나는 죽음을 두려워하지 않는다. 그러나 나는 죽기 전까지 살고 싶다." ― 스티븐 호킹
- "죽음은 고향으로 돌아가는 것, 두려울 것도 싫어할 것도 없다."
  ― 장자
- "떠날 때가 되었으니 이제 각자의 길을 가자. 나는 죽기 위해서. 당신들은 살기 위해서. 어느 편이 더 좋은지는 오직 신만이 알 뿐이다." ― 소크라테스

● 죽음은 단지 한순간의 고통이지만 삶은 기나긴 고통이다.
― 미상

당신이 죽음을 알아? 죽어 봤어? 살아 봐서 아는데, 삶은 짧은 행복이라도 있지.

- "인간은 자살할 권리가 있을까? 그렇다. 그러나 저항하지도 않고 슬픔에 자신을 내맡겨 버리는 것, 즉 더 이상 견디지 못해 자살하는 것은 이기기도 전에 전투를 내팽개쳐 버리는 것과 같다. 절망의 행위로서의 자살은 나태함일 수 있다." ― 나폴레옹
- "나는 삶이 끝난 후의 희망에 기대어 이 삶을 포기하지 않는다."
  ― 미셸 옹프레

◇ 천당과 지옥이 있을까? 없을 수도 있다. — 강윤호

나는 신을 믿는다. 근데 신이 이 세계와 별도로 사후 세계를 만들어 놓았을까? 왜? 심판을 위해서? 알 길은 없다. 만약 사후 세계가 존재한다면 죽어서도 인간의 동일성은 유지된다는 뜻인가? 그렇다면 사후 세계는 신의 심판이 이루어지는 정의의 세계라 볼 수도 있을 텐데, 정의는 꼭 그런 식으로 실현되어야만 할까?

나는 그럴 필요가 없다고 생각한다. 나는 이승과 저승 두 세계가 있는 것이 아니라 신이 생과 사를 모두 주관하는 하나의 조화로운 세계만이 있다고 생각한다. 이승 저승 나눌 불가피성은 없지 않은가? 저 세계에도 이 세계의 인간과 일대일로 대응하는 인간이 존재한다면 이 세계와 다를 것이 무엇인가? 죽어서 어떤 존재가 될지는 누구도 알 수 없다. 그러나 분명 무슨 작용이 있을 것이다. 나는 죽음이 다른 세계로 가는 것이 아니라 이 하나의 세계에서 이루어지는 하나의 작용일 것이라 감히 상상해 본다.

한 개체로서의 인간의 사라짐은 하나의 힘의 소멸이다. 그것이 사후 세계로 가는 것이라 표현되지만 그것은 하나의 작용임에 틀림없다. 에너지 불변의 법칙은 여기도 적용되지 않을까? 나는 이 작용을 긍정적으로 보고 싶다. 그러나 삶을 포기하는 것을 긍정하는 것은 결단코 아니다. 단지 죽음의 공포를 조금이라도 덜기 위해서일 뿐이다. 결코 죽음을 원해서는 안 될 것이다. 단지 두려워하지는 말자는 것이다.

사라진 개개인들의 에너지가 함께 모여 살아 있는 자들에게도 어

떤 긍정적 작용을 하는 일이 있을 것으로 상상해 볼 수 있다. 신의 가호란 게 그런 것이 아닐까? 신이 있다면 모든 생과 사를 주관할 것이다. 신은 완벽하며 선하다. 생과 사의 상호작용은 원윈일 수밖에 없다.

○ **근원적으로 죽음이란 존재하지 않는다. 다만 변화하는 세계가 있을 뿐이다.** ― 법정

죽음이 무엇인지 아는 사람은 없다. 그러나 추정할 수는 있다. 그것은 심신의 소멸일까, 심신의 분리일까? 영혼은 그 자체로 불멸일까?

마음이나 정신이 아니더라도 육체가 사라진 후에 뭔가는 남아 있을 것 같다. 그것을 하나의 상전이, 또 하나의 생성으로 볼 수도 있을 것이다. 자연은 우리의 상상을 초월한다. 함부로 단정 짓지는 말자. 무엇이든 가능하다.

- "우리의 죽음은 자연에게는 태어난 곳으로 돌아오는 회귀, 오랜 방황 끝에 집으로 돌아온 귀소(歸巢)일 뿐이다. 죽음마저도 자연의 일부다." ― 쇼펜하우어
- "삶과 죽음은 하나이며 자연의 변화일 뿐이다. 자연의 흐름을 거스르지 말라." ― 장자

- "생이란 구름 한 점 일어남이요 죽음이란 구름 한 점 흩어짐이니 있거나 없거나 즐거이 사세. 웃지 않고 사는 이는 바보라네." ― 성철

○ 빵이 없는 자에게 천국을 설교하는 것은 부끄러운 일이다. ― 미상

종교는 인민의 아편이라고 한 마르크스, 종교는 인류 일반의 강박신경증이라고 한 프로이트의 말에 전적으로 동의하지는 않는다. 그러나 종교가 반동적 행태를 보이는 경우는 너무도 많다.

종교는 다른 무엇보다도 진보적이어야 한다. 진보적이지 않은 종교는 그야말로 마약이고 강박중일 수 있다.

- "종교는 가난한 자가 부자를 죽이지 못하도록 막는 것입니다." ― 나폴레옹
- "나는 종교에 반대한다. 왜냐하면 세상을 이해하지 않고 만족하도록 가르치기 때문이다." ― 리처드 도킨스

○ 나이가 들수록 고독과 친해져야 한다. 그래야 남은 삶을 즐길 수 있고 죽음도 기꺼이 맞을 수 있다. ― 강윤호

가족과 친구와의 이별은 불가피하다. 인간은 어차피 고독할 수밖에 없는 운명이다. 그러나 생각이 깊어지고 넓어지면 인간이 아니어도 만남과 즐김의 대상은 수도 없이 많다는 것을 알게 될 것이다. 실존주의 철학자 사르트르는 "타인은 지옥"이라고 했다. 타인의 존재가 실존에 그리 도움이 되지 않는다는 말일 게다. 지옥이라고 했으니 오히려 유해할 수도······.

늙어 가면서도 호기심을 잃지 말자. 대상은 많다. 세계에 대해 관심을 가져 보자. 젊은 시절 나를 유혹하고 자극했던 이성, 친구, 사물을 넘어 나라는 것, 인간이라는 것, 그리고 사회, 자연, 우주에 대해 호기심을 가져 보자. 참으로 즐겁고 쾌감을 주는 일이 될 것이다. 나는 어떤 것을 바라보는 주체의 위치, 어떤 것에 값을 매기는 평가자의 위치에 설 수 있다. 이것은 나의 자존감과 자부심을 고양시킬 것이다. 내가 진정 세상의 주인으로서 만족감을 얻게 되는 과정이다. 겪어 보지 못한 사람은 알 수 없는, 그 무엇과 비교될 수 없는 쾌감을 줄 것이다.

우리 모두 비평가가 되자. 누가 불러주지 않아도 갈 데가 많은 삶을 살 수 있다. 어떤 것을 해석하고 평가하기 위해서는 그것을 잘 알아야 한다. 문화비평을 하기 위해서는 문화 전반을 잘 알아야 한다. 예술비평을 하기 위해서는 예술을 잘 알아야 한다. 영화비평을 위해서는 영화를 잘 알아야 한다. 영화를 잘 알려면 영화를 많이 봐야 하고 그러기 위해서는 영화관을 뻔질나게 드나들어야 한다. 그러니 갈 데가 얼마나 많아지는가? 요즘처럼 미디어가 다채로워지는 상황에서는 꼭 영화관에서만 영화를 볼 수 있는 것은 아니지만 영화의 맛은 영화관에서 봐야 하는 것은 변하지 않는 사실이다. 어디 영화뿐이겠는가? 과학비평의 대상은 과학 전체다. 얼마나 알 것이 많고 경험할 것이 많은가? 각자의 관심에 따라 해석하고 평가할 수 있는 대상을 선택하면 된다. 당장 도서관부터 가 보자. 당장에 지금 나의 관심사는 무엇인가?

내 생각을 표현할 수 있는 수단과 미디어가 넘쳐나는 시대다. 내 생각을 누가 듣건 듣지 않건, 공감하건 공감하지 않건 마음껏 표현해 보자. 내가 만족하면 그만이다. 나의 욕망에 따라 나의 삶을 사는 것이 진실한 것이다. 다른 사람을 생각할 필요가 없다. 이미 나는 인생을 주인으로서 해석하고 평가할 수 있는 위상을 가진 존재이기에, 삶의 무게를 어느 정도는 초월할 수 있는 역량을 갖추었다는 흐뭇함을 느낄 수 있을 것이다. 삶의 무게에 짓눌리지 않고 삶을 즐길 수 있게 될 것이다.

- "고독은 독립이다." ― 헤르만 헤세
- "혼자 놀고 사는 법을 모르면 인생백세 고행이다." ― 신달자
- "나는 젊은 시절에는 고통스럽지만 성숙한 뒤에는 달콤한 그런 고독 속에 살고 있다." ― 아인슈타인
- "위대한 창조자들은 대부분 은둔자였다. 사람은 생각은 많지만 친구가 없거나, 생각은 없지만 친구는 많거나, 둘 중 하나다." ― 미상
- "고독한가? 축하한다. 이제 현명해질 시간이 왔다." ― 니체

04

다른 사람들과는
어떻게 지내는 게 좋을까요

○ 자기답게 살고 감정을 솔직히 표현하라. 나를 못마땅하게 여기는 사람은 내게 중요하지 않고, 내게 중요한 사람은 나를 못마땅하게 여기지 않는다. — 닥터 수스

양심과 양식에 따라 떳떳하다면 언제든 당당하게 말하고 행동하라.

- "설명하지 마라. 친구라면 설명할 필요가 없고, 적이라면 어차피 당신을 믿으려 하지 않을 테니까." — 엘버트 허버드

○ 우리는 같은 생각을 하는 사람들을 통해 위로받고, 생각을 달리하는 사람들을 통해 성장하게 된다. — 프랭크 A. 클라크

성장하기를 원한다면 우리는 지적당하는 것을 두려워하지 않아야

한다. 쓰라린 충고를 받아들일 수 있는 마음이 필요하다. 그런 마음의 준비가 되어 있다면 성장은 이미 예정된 것이다.

성장하기 위해서는 선의의 지적과 악의적인 험담을 구별할 줄 아는 지혜가 필요하고, 그 지적을 담아낼 수 있는 아량도 필요하다. 쉬운 성장은 없다.

- "비판을 피하고 싶다면 아무것도 하지 말고 아무 말도 하지 말고 아무 존재도 되지 말라." ─ 엘버트 허버드

○ 음악을 듣지 못하는 사람들은 춤을 추는 사람들을 미쳤다고 생각한다. ─ 니체

우리 모두는 상대를 인정하고 차이를 받아들여야 한다. 처한 상황이 다르고, 자라온 환경이 다르고, 입장과 관점이 다르다.

○ 나에게는 세상의 잡다한 소리(世評)도 중요하지만 저 밑바닥으로부터의 양심의 소리(自評)와 저 위로부터의 진리의 소리(天評)가 더욱 중요하다. ─ 강윤호

다른 사람들이 나를 평가하는 것보다는 하늘과 자연이 인정하는 나, 내 자신이 평가하는 나가 더 중요하다. 거짓과 포장으로 아무리 과대평가된다 한들 내 마음의 평안과 만족이 가능할까?

○ 나 자신을 좋은 사람으로 바꾸려고 노력하니 좋은 사람이 오더라. ― 이효리

○ 당신을 만나는 모든 사람이 당신과 헤어질 때는 더 나아지고 더 행복해질 수 있도록 하라. ― 마더 테레사

나를 스쳐간 모든 사람들이 그럴 수 있었으면 참 좋겠다. 그 시절 그 때 그렇지 못했음을 몹시 후회한다.

○ 끝났다고 울지 마. 그런 일이 있었으니 웃어 봐. ― 닥터 수스

모든 일에는 끝이 있는 법이다. 미련을 갖는 것은 괴로운 일이다. 떠나가는 사람을 붙잡지 말자. 자유롭게 놓아주자. 지나간 것들

에 슬퍼하기보다 감사하게 생각할 줄 아는 용기를 갖자.

○ 모든 인간관계의 문제는 인정받으려고 하는 데서 시작한다. 진짜 위대한 인격은 뻔뻔한 거다. 인정받으려고 하지 마라. 누가 욕했을 때 동요하지 않아야 어른이다. 누가 욕해도 무시해라.
— 강신주

위대한 존재는 범인을 초월한 존재다. 그러한 존재가 인정이나 인기에 연연할까?

위대하지는 못하더라도 스스로 떳떳하다면 세인의 욕쯤은 견딜 수 있어야지.

유명해지고 싶다면 맷집도 키워라.

• "남들에게 무시당하고 비판받았을 때 꼭 마음이 상할 필요는 없다. 상처를 입히는 건 상대방이 아니라 무시하지 못하는 내 감정이다."
— 모건 프리먼

○ 己所不欲 勿施於人(기소불욕 물시어인) — 공자

"내가 싫은 건 남에게도 하지 말라."라는 말이다. 이는 서양의 황금률이라 불리는 "남에게 대접을 받고자 하는 대로 너희도 남에게 대접하라."라는 말과 대조적이다.

도올 김용옥 선생은 앞의 소극적 황금률이 뒤의 적극적 황금률보다 더 수준 높은 윤리임을 강조한다. 후자는 자기의 신념을 남에게 강요하는 제국주의적 성향을 내포할 수 있기 때문이다. 인간관계의 기본은 남이 싫어하는 것을 피하는 배려라 할 수 있다.

○ 자기 부모를 섬길 줄 모르는 사람과는 벗하지 말라. 왜냐하면 그는 인간의 첫걸음을 벗어났기 때문이다. ─ 소크라테스

"孝는 百行之本也"라는 말은 시공을 초월한 가르침이다.

• "부모를 사랑하지 않는 자는 아무도 사랑할 수 없다." ─ 강윤호

○ 벗을 찾아 헤매는 자는 가련하다. 왜냐하면 참으로 진실한 벗은 자신뿐이며, 밖에서 벗을 찾는 자는 자기 자신에게 충실한 벗일 수 없기 때문이다. ─ 헨리 데이빗 소로

믿을 만한 벗이 많으면 많을수록 좋을 것이다. 그러나 억지로 찾아 헤맬 필요까지는 없다. 요즘 나이 들수록 친구가 필요 없다는, 아니 더 나아가 유해할 수 있다는, 자부심 강한 철학자들의 얘기를 많이 듣는다. 일면 납득이 되는 바가 없지 않다. 현명한 자는 자신에게서 가장 충실한 벗을 찾을 수 있을 것이다. 고독까지도 초월할 수 있는.

○ 30대가 되면 우리는 진정한 친구를 원한다. 그리고 40대가 되면 친구도 역시 사랑과 같이 우리를 구원할 수 없다는 것을 느끼게 된다. ─ 미상

결국 구원은 우리 스스로 하는 것이다. 누구도 대신해 줄 수 없는 것이 인생이다. 사랑도 우정도 마찬가지다. 사랑과 우정, 가능한 한 마음껏 즐기자. 그것들만큼 인생에서 달콤한 것은 없다. 그러나 그것들이 나를 구원해 주기를 기대하는 것은 금물이다. 내가 나의 주인으로서 살기를 바란다면.

○ 자기보다 나은 사람에게 공손한 것은 의무이고, 자기와 같은 사람에게 공손한 것은 예의이며, 자기보다 못한 사람에게 공

손한 것은 고결함이다. ─ 벤저민 프랭클린

인간을 넘어 존재하는 모든 것에 공손하자.

○ 겉으로 드러난 적보다 친구를 가장한 적이 더 무섭다. ─ 존 게이

내부의 적이 더 위험하다는 말이다. 열 번 잘해 주다가도 한 번 뒤통수치는 자가 제일 무섭고 치명적인 법이다.
 길들여짐에 주의해야 한다. 길들여져 익숙해지면 진위를 가리는 데 둔해질 수밖에 없다.

• "모든 악 중 가장 큰 악은 위선이다." ─ 몰리에르

● 남자의 첫사랑을 만족시키는 것은 여자의 마지막 사랑뿐이다.
 ─ 미상

수많은 문호와 예술가들이 사랑을 묘사하면서 남녀의 차이를 강조한다. 그들은 연애의 대가들이고 풍부한 경험자들일 것이다. 그러니 그들의 말에 주의를 기울일 필요는 있다고 본다. 그러나 그렇게

남녀 간의 차이가 큰 것일까? 위의 말에서 남자와 여자를 바꿔도 마찬가지 아닌가?

나의 경험을 말해 보자면, 여자도 남자와 다름없는 사람이라는 것을 깨달았을 때 이성에 대한 내 사랑은 모두 식고 말았다. 여자에게서도 인간의 고귀함과 비루함을 발견하게 되자 여성에 대한 육체적 본능 이상의 사랑은 사라졌다.

내가 직간접적으로 겪은 사람들은 성차에 의한 호르몬과 육체적 기능, 그리고 그에 따른 편견과 사회적 환경에 지배받은 성장과 경험의 차이 등으로 인해 어느 정도 길러진 차이를 보일 뿐 기본적으로 그들의 본능과 열정, 세계관 등에 큰 차이는 없는 것으로 보인다.

- "여자는 태어나는 것이 아니라 길러지는 것이다." — 시몬 드 보부아르

◇ 사랑은 온 우주가 단 한 사람으로 좁혀지는 기적이다. — 줄리아 로버츠

한편으로, 사랑이란 이처럼 경이로운 것인가? 제대로 사랑을 해 보지 못한 나로서는 잘 모르겠다. 배우나 예술가의 대단한 열정을 내가 어찌 짐작이나 할 수 있을까?

어쨌거나 즐길 수 있을 때 마음껏 즐기기를. 기회가 오면 놓치지 말기를. 내가 사랑하는 사람이 나를 사랑한다는 것을 알게 될 때만

큼 행복한 일은 없을 것이다. 사랑에 빠지면 세상이 달리 보인다고 한다.

다른 한편, 사랑은 이처럼 맹목적인 것인가? 한 사람으로 모든 우주가 수렴된다는 것이다. 사랑이 극히 위험할 수도 있다는 생각이 언뜻 드는 것은 기우일까? 한 사람에게 수렴되는 사랑도 좋지만 널리 많은 이들에 발산되는 사랑도 많이 하도록 하자.

- "세상이 한 사람으로 줄어들고 한 사람이 신으로까지 확장된다면 그것은 사랑이다." ― 빅토르 위고
- "절망의 늪에서 나를 구해 준 것은 많은 사람들의 사랑이었습니다. 이제 내가 그들을 사랑할 차례입니다." ― 오드리 헵번

○ 결혼을 해서 행복할 수 있는 사람은 철학자뿐이다. 그러나 참된 철학자는 결혼하지 않는다. ― 쇼펜하우어

결혼이 얼마나 심오한 사유를 필요로 하는 일인지 말해 준다. 철학 없이는 결혼이 행복해질 수 없다니!

결혼을 하지 않은 참된 철학자들의 예로는 이 말을 한 쇼펜하우어를 비롯하여 데카르트, 스피노자, 라이프니츠, 칸트, 니체, 키르케고르 등등 어마무시한 철학자들.

○ 사랑 없는 결혼을 하면 결혼 없는 사랑이 생기게 된다. — 벤저민 프랭클린

나는 결혼보다 동거를 추천한다. 신중하면서도 자유로운 사랑이 넘쳐나기를 바란다. 아이가 생기면 낳으면 된다. 나라를 위해서도 좋은 일이다. 미래에는 공동육아와 공동부양이 대세가 될 것이다. 아이는 마을과 사회 모두가 잘 키울 것이다.

남녀는 육체적으로 다르다. 다른 특성의 육체를 교류하는 것이 남녀 만남의 특권이다. 육체는 곧 사그라진다. 결혼 같은 것을 전제하지 말고 맘에 드는 이성과 신중하되 맘껏 교류해라. 자유롭지만 반드시 신중하게.

○ 진보는 사랑이다. — 강윤호

사랑하면 사랑하는 사람과 사랑받는 사람이 다 같이 즐겁고 행복하게 된다. 어느 한 쪽만 즐겁고 행복하다면 진정한 사랑이라고 할 수 없다. 남녀 간, 부모형제 간, 친구 간, 이웃 간의 사랑이 그렇고 인류애도 마찬가지다.

진보가 사랑이라는 말은 이런 의미다. 진보는 사랑이고, 사랑은 진보다.

벽을 쌓고, 위계를 나누고, 지배와 복종을 당연하게 여기는 파시

스트들은 사랑이 무엇인지도, 사랑할 줄도 모르는 불쌍하고 어리석은 자들이다.

- "사랑이라는 것은 생각보다 아주 간단한 것이다. 우리의 삶을 보다 높이고 확대하고 풍부하게 하는 그 모든 것이 사랑이다." ― 카프카

○ 손해 본 일은 모래 위에 새겨 두고, 은혜 입은 일은 대리석 위에 새겨 두라. ― 제현

○ 잘못을 지적해 주는 자는 나의 스승이다. 옳은 일을 지적해 주는 자는 나의 친구이다. 나에게 아첨하는 자는 나의 적이다. ― 순자

지적당하는 것을 두려워해서는 안 된다. 남의 지적, 특히 비판을 슬기롭게 잘 받아들이는 것이 나의 발전의 큰 토대가 된다.

○ 지적도 중요하지만, 지적 뒤의 격려는 소나기 뒤의 햇빛과도 같다. ― 괴테

나는 지적받기를 좋아한다. 그래야만 발전이 있다고 생각하기 때문이다. 그러나 수많은 지적보다 한마디 칭찬이 더 달콤한 것은 어쩔 수 없다. 그 사람이 가는 방향이 옳다고 생각된다면 격려를 아끼지 말자.

한마디의 격려가 그 사람을 살릴 수도 있다. 더 나아가 말로만의 격려로 그치지는 말자. 더 기회가 많은 세상을 만들자.

○ 겸손은 위대함에 이르는 힘이다. — 만델라

사람을 대할 때 진보적 민주주의자와 반동적 파시스트는 다르다. 겸손은 민주주의자의 기본 덕목이다.

능력 있는 자만이 겸손할 수 있다. 능력 없는 자가 겸손하다는 말은 난센스다. 능력 있는 자가 겸손하다는 것은 자기를 낮춘다는 말이다. 자기를 낮추고 다른 이를 존중하는 자가 민주주의자다. 모든 이의 자유와 평등을 중시하는 자가 민주주의자다. 능력을 내세우며 자기를 높이고 카리스마로 지배하고자 하는 자가 파시스트다.

- "누구든지 자기를 높이는 사람은 낮아지고, 자기를 낮추는 사람은 높아질 것이다." — 예수
- "겸손해져라. 그것은 다른 사람에게 가장 불쾌감을 주지 않는 종류의 자신감이다." — 쥘 르나르

- "인간의 위대함은 자기 자신의 보잘것없음을 깨닫는 데 있다." ― 파스칼

○ 공감(empathy)은 연결을 만든다. 동정(sympathy)은 단절을 만든다. 공감은 누군가가 빠진 구덩이 안으로 내려가는 것이다.
― 브레네 브라운

진보의 시선은 동정이 아니라 공감이다.

- "확장된 공감은 사람들을 진정으로 평등한 위치에 올려놓는 유일한 인간적 표현이다. 다른 사람과 공감할 때 구별은 사라지기 시작한다. 다른 사람의 고군분투를 자신의 것처럼 동일시하는 바로 그런 행동이 평등 의식의 궁극적 표현이다." ― 제레미 리프킨
- "공감과 동정의 차이가 보편적 복지와 선별적 복지의 차이를 가른다." ― 강윤호

○ 로댕을 만난 돌덩이는 생각하는 사람이 되지만, 무지한 등산객을 만난 바위는 낙서장이 된다. '누구를 만나느냐', 이것이 운명 교향곡의 영원한 주제다. ― 주철환

인생은 조우(遭遇)라고 했다. 우연한 만남이라는 것이다. 좋은 것을 많이 만나도록 하자. 만나서 느낄 기회를 많이 만들자. 우리 스스로도 그래야 하고 사회도 그렇게 만들어야 한다.

- "어릴 적 내게는 정말 많은 꿈이 있었고, 그 꿈의 대부분은 많은 책을 읽을 기회가 있었기에 가능했다고 생각한다." — 빌 게이츠

○ 가족이란 네가 누구 핏줄이냐가 아니야. 네가 누구를 사랑하느냐는 거야. — 트레이 파커

물보다 진한 게 피, 피보다 중요한 게 사랑.

○ 신뢰받는 것은 사랑받는 것보다 더 큰 영광이다. — 조지 맥도널드

신뢰받지 못하는 사랑은 있어도 사랑받지 못하는 신뢰는 없다.

○ 은혜를 받은 자의 가장 큰 덕목은 은혜를 베푸는 자가 되는 것이다. — 강윤호

베풂의 가치는 널리 퍼지는 데 있다. 베푸는 자가 진정으로 바라는 것은 자기에게 되갚는 것이 아니라 그것이 더 널리 퍼져 확산되는 것이다. 내가 너에게 베푸는 것이 있다면 너는 갚을 생각 하지 말고 그것을 부풀려 다른 곤궁한 이에게 더 많이 베풀도록 노력하라.
베풂의 즐거움은 베푼 자만이 안다. 그것이 눈덩이처럼 확산되는 것을 보는 것은 더 큰 즐거움이다. 이보다 더 큰 즐거움을 찾기는 쉽지 않다.

○ 성공의 기쁨을 절제하지 못하는 자와 실패의 슬픔을 인내하지 못하는 자를 멀리하라. — 강윤호

한 사람의 본성은 어려울 때 잘 드러난다는 말이 있다. 하지만 그에 못지않게 잘 나갈 때도 그 사람의 본성이 드러나기 마련이다. 어려울 때 인내하지 못하는 자, 잘 나갈 때 절제하지 못하는 자 모두 신뢰할 수 없는 자들이다.

○ 어둠 속에서 친구와 함께 걷는 것이 빛 속에서 혼자 걷는 것보다 낫습니다. ― 헬렌 켈러

친구뿐만 아니라 다른 모든 이들과 연대하는 것이 우리를 진보시킬 것이다. 혼자 잘사는 것, 혼자 즐거운 것은 의미도 가치도 없다.

○ 현실이 꿈보다 더 좋아서 잠들 수 없다면, 당신은 사랑에 빠진 것이다. ― 닥터 수스

사랑의 마법. 여러분도 마법에 빠지기를!

○ 이혼은 진보된 문명사회에서는 필수품이다. 그것은 그 사회에 개인의 자유와 경제 안정이 되어 있다는 증거이기 때문이다. ― 미상

이혼은 권장할 바는 아니지만 그렇다고 부정적으로만 볼 일도 아니다. 자유와 평등의 확장, 즉 사회 진보의 분명한 지표의 하나다.

○ 험담은 세 사람을 죽인다. 말하는 자, 험담의 대상자, 듣는 자.

― 미드라시(유대인의 종교교육서)

미주말은 수많은 사람을 죽인다. 말하는 자와 수많은 듣는 자들.

05

어떻게 무엇을 하며
살아야 할지 걱정되나요

○ 자신을 사랑하는 것이 평생 지속될 첫 번째 로맨스다. ― 오스카 와일드

자신의 존재와 자신의 운명을 긍정하는 자존감이 삶의 기본이다. 나를 스스로 인정하지 않으면서 나의 생각과 행동을 받아들일 수 있을까? 고비 고비 지속될 인생의 굴곡 속에서 나에 대한 사랑은 기본값이 되어야 한다.

나르시시즘에 빠질 정도로 자기애가 너무 과한 것은 곤란하다. 그러나 자존감 없이는 타인에 대한 사랑도 더불어 사는 행복도 기대하기 어렵다.

○ 자기 안의 불꽃이 꺼졌을 때, 종종 다른 누군가의 불씨로 다시 살아나는 것을 경험한다. ― 슈바이처

삶의 희망이 전혀 보이지 않을 때, 죽는 것이 사는 것보다 더 쉬워 보일 때는 무엇에든 도움을 구해야 한다. 자책하지 마라. 도움을 구하라. 자포자기는 절대 금물이다. 혼자만의 고민으로 앞이 캄캄할 때, 도저히 길이 보이지 않을 때 과감히 밖으로 나가라. 과감히 세상에 문을 두드려라. 생각보다, 갇혀서 본 것보다 세상이 더 좋을 수도 있다. 만나라. 책을, 사람을, 그리고 요즘 같은 디지털 시대에는 SNS도, 유튜브도. 두드리면 열릴지도 모른다. 결코 스스로를 포기하지 말라. 꾸준히 두드리면 누군가의 도움 없이도 무엇이 문제인지, 무엇이 해결책인지 스스로 터득할 수도 있으리라.

책 속에 길이 있다. 책을 만나라. 사람을 만나라. 세상과 만나라. 우리가 사는 사회와 구조를 생각하라. 사람들과 함께 정치를 하라. 사람을 통해 공감하고 연대하라. 여행을 통해 체험하라. 다시 돌아와 사유하고 성찰하라. 반드시 성장해 있을 것이다.

자신을 다시 되돌아보라. 세상은 살 만한 곳이라는 것을 잊지 말라. 온 우주가 당신을 심혈을 기울여 창조했다는 것을 잊지 말라.

○ 자기의 운명을 짊어질 수 있는 용기를 가진 자만이 영웅이다.
— 헤르만 헤세

니체는 운명을 사랑하라고 했다. 운명을 한탄하는 것은 삶에서 가장 쓸모없는 짓이다.

진정한 초인이나 영웅은 초현실적인 블록버스터 주인공이 아니라 자기의 운명을 긍정하고 사랑하고 극복해 가는 현실의 존재자들이다.

가치 있는 삶을 살고자 하는 자는 운명을 사랑하라. 가치에 관심 없는 자는 운명을 탓하라. 운명을 긍정하고 극복하는 자 고귀한 자가 되리라. 운명을 한탄하고 자포자기하는 자 비루한 자가 되리라. 다음 생은 없다. 인생은 한 번뿐이다.

○ 당신이 할 수 있다고 믿든 할 수 없다고 믿든 믿는 대로 될 것이다. ― 헨리 포드

자기충족적 예언이라는 것이 있다. 피그말리온 효과라는 것도 있다. 의지와 격려가 중요하다는 얘기다. 확실한 것은 당신이 가는 곳에 길이 난다는 것이다.

● 사람이 하는 일은 그 동기가 아니라 결과로 판정되어야 한다.
― 마키아벨리

수많은 지혜를 주었음에도 마키아벨리가 결정적으로 욕을 먹는

이유가 여기에 있다. 결과만 좋으면 다 좋다는 것이다. 목표를 위해서는 수단과 방법을 가리지 말라는 것이다.

단견일 뿐이다. 멀리 보고 크게 본다면 틀린 말이다. 동기가 불순하고 과정과 절차가 엉망이라면 일시적으로 결과가 좋더라도 그 후유증이 더 클 수밖에 없다. 수많은 역사가 증명한다.

○ 아름다운 사람은 머문 자리도 아름답다. ― 미상

화장실에서 흔히 볼 수 있는 캠페인 표어지만, 명언 중의 명언이다. 그 어떤 인생의 경구보다도 훌륭하다. 인간은 죽은 뒤에도 흔적을 남기고 싶어 한다. 대부분은 자기의 유전자를 남기는 것으로 그치지만 더 이상을 추구하는 것이 인간의 속성이다. 밀란 쿤데라는 "진짜 인간이 가진 불멸은 자기 이름을 가진 책을 남기는 것"이라고 말한 바 있다. 소설가의 의견으로서 죽은 뒤에도 흔적을 남기고 싶어 하는 인간의 욕망을 잘 표현한 말이다.

중요한 것은 그 흔적이 지구에, 세상에 폐를 끼치지 않는 것이다. 이 지구는 우리가 잠시 들른 것일 뿐이다. 어떤 흔적을 남기는가에 따라 우리의 가치가 정해진다. 지구를 개선하기는커녕 훼손하는 흔적은 남기지 않아야 한다. 책을 쓰더라도 종이 낭비, 나무 훼손만 가져오는 우를 범하지는 말자.

○ 나는 가장 적은 욕심을 가졌으므로 신에 가장 가까운 존재다.
― 소크라테스

항상 욕심이 문제다. 욕심이 클수록 악마에 더 가까운 존재가 될 것이다.

신과 악마 사이에 존재하는 것이 인간이다. 욕심은 인간의 본성이다. 그러나 과욕은 화를 부른다. 절제가 미덕이다.

- "인생의 즐거움을 충분히 맛보기 위해서는 절제해야 한다." ― 에피쿠로스
- "비우는 게 쌓는 것보다 더 어렵다. 욕심을 비우면 마음이 가벼워진다." ― 제현

○ 주어진 재물에 만족하는 사람이 부자이고, 주어진 능력을 초월하는 사람이 초인이다. ― 강윤호

모든 것의 기준은 자신이 먼저다. 자신의 생각과 능력이 일차적이다. 외부의 시선과 평가, 타인과의 비교는 부차적이고 때로는 유해하다.

부자도 초인도 절대적인 것이 아니라 상대적인 것이다. 재물과 힘이 넘쳐나야 부자이고 초인인 것이 아니다. 적어도 만족할 줄 아는

자가 부자이고, 연약해도 자신의 운명을 긍정하고 극복하는 자가 니체가 말하는 초인이다.

○ 재미있게 살다가 의미 있게 죽자! ─ 주철환

요즘 유행하는 것이 재미와 의미의 결합인 것 같다. 삶도 그러해야 할 것이다. 재미없이 의미만 찾는다면 삶이 즐거울 수 있을까? 의미 없이 재미만 찾는다면 사는 가치가 있을까? 즐겁고도 가치 있는 삶을 살아가자.

○ 자신에게 명령하지 못하는 사람은 남의 명령을 따를 수밖에 없다. ─ 니체

진보적 민주주의자는 주인으로 사는 사람이다. 반동적 파시스트는 노예로서 사는 사람이다. 니체가 민주주의를 반대했다고 주장하는 사람이 많지만 그는 누구보다도 인간이 주인으로서 살기를 바란 철학자다. 주인과 노예의 대립을 누구보다도 예리하게 포착한 사상가가 니체다.

한 번 사는 인생 주인으로 살아야 할 것 아닌가? 스스로 룰을 정

하는 사람이 주인이다. 스스로 입법하고 스스로 규칙을 정하는 자가 주인이다. 남들이 정한 규칙대로 사는 자는 주인의 자격이 없다. 스스로 입법하려면 가치를 세울 수 있어야 한다. 중요한 것과 그렇지 않은 것을 분별할 줄 아는 안목이 있어야 한다.

평가의 대상보다는 평가의 주체가 되도록 노력하자. 주인으로 사는 것은 쉬운 일이 아니다. 그러나 주인으로 사는 일을 포기하면 그것은 짐승의 삶과 다를 게 없다.

○ 넘어진 것은 당신의 잘못이 아닐 수 있다. 그러나 일어서지 않는 것은 당신의 잘못이다. ― 스티브 데이비스

실패의 책임은 무엇에든지 돌릴 수 있다. 그러나 포기의 책임은 전적으로 자신에게 있다.

- "가장 큰 영광은 결코 쓰러지지 않는 것이 아니라, 쓰러질 때마다 다시 일어서는 것이다." ― 만델라

● 인생이란 원래 공평하지 못하다. 그런 현실에 대하여 불평할 생각하지 말고 받아들여라. ― 빌 게이츠

앞부분의 말은 맞다. 그런데 그런 현실을 받아들이라고? 가진 자의 말답다.

최고의 부자라는 사람이 하는 말이 저 정도니 현실을 바꾸기가 얼마나 어려운지 느낄 수 있다. 그러나 가진 것이 많건 적건 어디 자존감을 가진 진보주의자가 포기할 수 있나? 성공하건 실패하건 의지로 부딪쳐 봐야지.

○ 운명은 네 손 안에 있는 것이지, 다른 사람의 입에 달린 것이 아니다. 다른 사람으로 인해 네 운명을 포기하지 마라. — 성철

악성 댓글 등으로 세상을 등지는 사람들이 많다. 여리고 약한 심성을 가진 사람들이 새겨들을 말이다.

○ 단순하지만 대단히 강력한 세 가지 열정이 내 삶을 지배해 왔다. 사랑에 대한 갈망, 앎에 대한 탐구, 그리고 고통 받는 인간을 향한 참을 수 없는 연민. — 버트런드 러셀

진선미에 대한 열정을 불사른 버트런드 러셀의 삶은 부럽기만 하다. 미국의 양심으로 불리는 노엄 촘스키도 이 말을 좌우명으로 삼

았다고 한다. 진선미 중 하나에 대한 열정만이라도 갖고 살자.

- "나는 일상생활에서는 외톨이지만, 진선미를 위해 노력하는 사람 중 한 명이라는 의식 덕분에 고립감을 느끼지 않고 지낸다." ― 아인슈타인

○ Boys, be progressive! ― 강윤호

누군가 "Boys, be ambitious!"라고 했다. "청년들이여, 야망을 가져라, 큰 꿈을 품어라!"라고 번역될 수 있겠다. 꿈은 클수록 좋다고 했다. 큰 꿈을 성취하면 큰 만족감과 큰 행복이 찾아올 것이다. 도전해 볼 만한 인생이 될 것이다.

그러나 그것만이 가치 있는 삶이라고 할 수는 없다. 큰 꿈, 야망이 아니더라도 가치 있는 것은 얼마든지 많다. 가치는 주관적인 것이다. 누구든 무엇에 대해서든 자신의 관점으로 가치를 평가할 수 있다. 꿈이 없는 사람도 있을 것이다. 소소한 행복에 만족하며 살아가는 것도 가치 있는 삶이다.

최소한 자신의 삶을 사랑한다면 신중히 생각하여 자신이 옳다고 믿는 가치를 추구하며 살면 된다. 사이코패스가 아니고서야 옳은 삶이 아니라 그른 삶을 살고 싶은 사람이 어디 있겠는가? 가치를 추구하는 것이 프로그레시브, 즉 진보적인 것이다. 청년들이여, 한 번 사는 삶이다. 나의 삶을 소중히 여기자. 자신이 생각하는, 자신이

판정하는 가치를 향하여 꾸준히 전진하자.

- "세상에서 두각을 나타내는 것보다 더 높은 야망이 있다. 그것은 아래를 내려다보면서 인류를 조금 더 높이 끌어올리는 것이다." — 헨리 반 다이크

○ 개인적 고통에서 면제된 사람은 누구나 다른 사람들의 고통을 덜어 주는 소명을 받았다고 여겨야 한다. — 슈바이처

존경스럽다. 슈바이처다운 말이다. 운과 복을 타고난 사람이 이런 생각을 하기는 어려울 것이다.

○ 적자 인생을 살라! — 강윤호

아낌없이 주라. 아낌없이 베풀라. 인생이 흑자라는 것은 네가 그만큼 많이 받았다는 것. 그만큼 능력이 없었다는 증거다. 능력 있는 자는 주는 자이지 받는 자가 아니다.

- "세상 하직할 때는 나눔, 알게 모르게 쌓은 음덕, 이것만이 내 생애

의 잔고로 남는다." ― 법정
- "무얼 받을 수 있나 보다 무얼 주는가에 한 사람의 가치가 있다."
  ― 아인슈타인
- "사람이 일생을 마친 뒤에 남는 것은 모은 것이 아니라 뿌린 것이다."
  ― 제라르 헨드리
- "세상이 자신에게 준 것보다 더 많이 세상에게 되돌려 주는 것, 그것이 바로 성공이다." ― 헨리 포드
- "성공적인 인간 발달 과정을 보면, 처음에는 사랑을 받아들이고, 그 다음에는 서로 사랑을 나누다가, 마지막에는 그저 사랑을 내준다."
  ― 조지 베일런트

○ 진정한 성공이란 자신이 태어나기 전보다 이 세상을 조금이라도 더 살기 좋은 곳으로 만들어 놓고 떠나는 것이다. ― 랠프 에머슨

주관적 가치의 측면에서는 한 평생 행복하게 즐기고 떠나는 것이 최고의 성공일 수 있다. 그러나 객관적 가치의 측면에서 볼 때는 그러한 생은 아무 가치도 없다. 세상에 오히려 유해할 수도 있다.

- "내가 바라는 것이 있다면, 내가 있음으로 해서 이 세상이 더 좋아졌다는 것을 보는 일이다." ― 링컨
- "사람은 죽으면서 돈을 남기고 또 명성을 남기기도 한다. 그러나 가

장 값진 것은 사회를 위해서 남기는 그 무엇이다." ― 유일한

○ 무엇을 시도할 용기도 없으면서 멋진 삶을 바란단 말인가?
― 반 고흐

멋진 것을 찾았다면 용기 있게 시도하라. 무엇이 멋진 것인지 찾지도 못하는 사람이 태반이다. 그것을 찾은 것 자체가 복이다. 찾고도 시도하지 않는다면 바보다.

○ 능력은 정상에 오르게 하지만, 인격은 그 자리를 지키게 한다.
― 존 우든

○ 원칙을 위해 싸우는 것이 그 원칙을 실천하는 것보다 항상 더 쉽다. ― 아들러

그래서 내로남불이 많은가 보다.

○ 인생 성패의 유일한 기준은 진실이다. — 강윤호

솔직하고 정직한 삶이 성공한 삶이다. 거짓된 삶은 실패한 삶이다. 부도 명예도 권력도 성공한 인생의 궁극적 척도가 될 수는 없다.

진실은 자신이 알고 하늘이 안다. 대중은 진실을 알지 못한다. 그들의 평가는 허상일 뿐이다. 당신의 거짓을 가릴 줄 모르는 한심한 자들의 평가가 무엇이 중요한가? 어리석은 자들이 속아줘서, 저급한 자들이 '우쭈쭈' 해 줘서 당신은 행복하고 만족스러운가? 가짜들로 만들어진 쾌락으로 채워진 삶이 성공한 삶인가?

진실만이 중요하다. 진실만이 나를 감동시킨다. 진실이 가장 큰 오르가슴을 준다.

○ 권력을 원하는 자여, 바보들의 왕이 되기보다 현자들의 친구가 돼라. — 강윤호

파시스트 권력자는 바보들의 왕이지만 민주주의 권력자는 현자들의 친구다.

파시스트 권력자는 대중의 지배자이지만 민주주의 권력자는 시민의 지도자이다.

- "보스는 가라고 말하지만, 리더는 가자고 말한다." — 미상

○ 진실이 당신을 자유롭게 하겠지만 먼저 당신을 화나게 할 것이다. — 글로리아 스타이넘

진실은 불편한 경우가 많다. 그러나 그 일시적인 불편만 감수하면 영원한 자유를 얻을 수 있다.

순간을 조심해야 한다. 순간적으로 나도 모르게 진실을 덮게 되는 경우가 있다. 그러면 당신은 지속적으로 찝찝하게 된다. 그 순간 한 번 더 생각하라. 진실의 편에 선다면 잠깐 불편할 수 있지만 그것만 극복하면 영원히 개운하고 후련하다.

○ 지식인이란 현실과 당당히 맞서는 사람이다. 권력에 기생하는 사람이 아니다. — 리영희

지식인과 전문가는 다르다. 지식이 깊고 많다고 해서 모두 지식인이 아니다. 지식인은 자신의 지식을 올바른 방향으로, 현실을 개혁하는 방향으로 활용하는 사람이다. 권력의 방향으로 지식을 구부리는 사람이 아니다.

- "지식인은 단지 진실을 말하는 사람이 아니라, 권력에 맞서 그 진실을 말하는 사람이다." — 미상

○ 내가 글을 쓰는 유일한 목적은 '진실'을 추구하는 오직 그것에서 시작되고 그것에서 그친다. 진실은 한 사람의 소유물일 수 없고 이웃과 나눠져야 할 생명인 까닭에 그것을 알리기 위해서는 글을 써야 했다. — 리영희

언론인의 참모습을 보여 주는 말이다. 진실은 언론의 목적일 뿐만 아니라 삶 자체의 목적이어야 한다.

- "내 목숨을 걸어서라도 지키려고 한 것은 국가가 아니야. 소위 애국, 이런 것이 아니야. 진실이야." — 리영희

○ 당신은 모든 사람들을 잠시 동안 속일 수 있다. 그리고 어떤 사람들을 항상 속일 수는 있다. 그러나 모든 사람들을 항상 속일 수는 없다. — 링컨

정직이 가장 좋은 정책이라는 말도 있다. 궁극적으로는 진실이 항상 승리한다.

- "진실은 천천히 온다. 그러나 반드시 온다." — 독일 속담

○ 실수를 변명하면 그 실수를 돋보이게 할 뿐이다. ─ 크리스티안 헤벨

자고로 "정직이 최선의 방책"이라 했다. 실수를 인정하는 정직과 겸손만이 재기의 발판이 될 수 있다. 변명과 핑계는 실수보다 더 큰 화를 초래한다.

실수를 인정하는 것은 어려운 일이다. 그래서 대인과 소인을 가르는 좋은 기준이 실수를 과감히 인정하느냐 하는 것이다. 실수를 인정하는 것이 큰 손해를 초래할 것이라 생각하는 사람들이 많다. 그 생각이 일견 맞을 수도 있다. 그러나 손해는 피할 수 있어도 그가 대인이 아닌 것은 분명하다. 언젠가는 소인배인 것이 드러날 수밖에 없다. 그 사회가 건전하다면 오래가지 못할 것이다.

- "실수를 저질렀을 때 그것을 만회하려면 다음 세 가지 일을 해야 한다. 첫 번째, 실수를 인정할 것. 두 번째, 실수로부터 배울 것. 세 번째, 실수를 반복하지 말 것." ─ 폴 브라이언트

○ 재능은 하늘이 주시는 것이니 늘 겸손하라. 명성은 사람이 주는 것이니 늘 감사하라. 자만은 스스로가 주는 것이니 늘 조심하라. ─ 존 우든

○ 무언가 나를 아무리 흔들어댄다 해도 난 머리카락 한 올도 흔들리지 않을 테다. ─ 김연아

나는 김연아를 이 시대의 진정한 여왕이라고 생각한다. 그녀가 올림픽 챔피언이어서가 아니다. 왕은 허언을 하지 않는다. 그녀는 허언을 하지 않았다. 자기가 뱉은 말은 항상 실천했고, 대중과의 약속은 모두 지켰다.

○ 위대한 일은 위대한 사람을 위해 있으며, 심연은 깊이 있는 사람을 위해 있고, 섬세함과 전율은 예민한 사람을 위해 있다. 모든 귀한 것은 귀한 사람을 위해 있는 것이다. ─ 니체

진선미와 같은 귀한 것에 다가가는 것은 쉽지 않은 일이다. 가치 있는 것들이 원래 그렇다. 진리는 누구에게나 열려 있지만 그리 상냥한 편은 아니다. 진리와 친구가 되기 위해서는 노력이 필요하다. 힘은 들지만 불가능한 것은 결코 아니다. 선과 미도 마찬가지다. 고귀한 것은 고귀한 자만이 생산할 수 있고 향유할 수 있다.

○ 성공의 비밀은 자신감이며 자신감의 비밀은 엄청난 준비다.
― 조수미

자신감이 성공의 충분조건은 될 수 없지만 최소한의 필요조건이라고 할 수 있다. 준비를 철저히 한다면 자신감이 솟아나지 않을 수 없을 것이다.

○ 일단 읽는 법을 배우면 영원히 자유로워질 것이다. ― 프레드릭 더글러스

독서는 자유로 가는 지름길이다. 그러나 진입장벽이 생각보다 만만치 않다. 사회적, 가정적으로 책 읽는 환경을 조성하는 것이 중요하다. 각자 스스로도 책 읽는 습관을 길러야 한다.

○ 책을 읽기 전후에 변화가 없으면 킬링 타임 한 것일 뿐이다. 자신을 변화시키지 않는 것은 독서가 아니다. ― 이어령

독서뿐만 아니라 인생에서 만나는 모든 것들에서 바람직한 변화를 도모하는 것이 필요하다. 아니면 그 모든 것들이 킬링 타임일 뿐

이다.

킬링 타임이 다 나쁘다는 것은 아니다. 머리를 환기시키는 것도 중요하다. 멍 때리기 대회도 있지 않은가? 다만 인생이 전부 킬링 타임이라면 너무 슬프지 않은가?

- "양서도 악서도 없다. 읽는 사람이 해독 능력만 있다면 나쁜 책을 읽는 것도 괜찮다." — 이어령

○ 多讀보다는 深讀. — 강윤호

책을 많이 읽으면 좋다. 하지만 좋은 책을 잘 골라 깊이 여러 번 읽는 것이 더 좋다.

○ 한 인간의 존재를 결정짓는 것은 그가 읽은 책과 그가 쓴 글이다. — 도스토예프스키

독서의 중요성은 누구나 다 안다.
글을 쓴다는 것은 독서와 체험과 사유를 기반으로 하는 것으로서 그 가치는 더 크다.

- "사람은 책을 만들고 책은 사람을 만든다." — 신용호

○ 읽고 싶은 책이 있지만 아직 쓰이지 않았다면, 그 책을 직접 써야 합니다. — 토니 모리슨

읽고 싶은 게 있어요? 하고 싶은 게 있어요? 근데 아무도 안 쓰고 안 했어요? 그러면 당신이 직접 해 보세요. 읽고 싶은 거, 하고 싶은 거를 찾았다는 것은 더없이 큰 행운이에요.

- "제대로 쓰려 말고, 무조건 써라." — 제임스 서버

◇ 꿈이 없어도 괜찮아, 중요한 건 바로 너야. — 이대영

꿈은 없어도 좋다. 독특하기만 하면 된다. 꿈과 욕망이 있는 게 좋겠지만 없어도 괜찮다. 그냥 나답게 살면 된다. 나답게 사는 게 뭐냐면 누구도 대체할 수 없는 나의 독특함을 살리는 것이다. 직업적 꿈이나 장래 희망 같은 것이 없으면 어떤가? 생길 수도 있고, 없으면 없는 대로 살면 되지. 괜한 부담 가지면서 살 필요는 없다. 나도 이 나이가 되도록 아직 꿈을 찾지 못하고 방황하는 사람 중 하나다. 그

렇다고 해서 고민은 없다.

  사회가 요구하는 삶, 남들이 욕구하는 삶에 내 자신을 가두지 않아야 한다. 나는 나답게 주인으로서 살아야 한다. 인생의 비평가로서, 내가 평가의 주체로서 지금 이 순간 내가 욕망하고 내가 중시하는 일을 하면서 살아야 만족하고 행복할 수 있다.

  근데 구체적이지는 않더라도 막연하나마 나와 우리 사회가 모두 잘 될 수 있는 세상을 상상하고 그 방향으로 갔으면 하는 바람 하나는 가지고 사는 게 그래도 낫지 않을까? "Boys, be ambitious!"보다는 "Boys, be progressive!"

  ○ **자수성가라는 말은 거짓말이다.** ― 아놀드 슈워제네거

  괜찮은 일치고 혼자 이룰 수 있는 것은 없다. 나와 나 이외의 모든 것이 균형과 조화를 이룬 결과다.
  항상 겸손하며 감사하는 마음을 잃지 않아야 한다.

  ○ **진정한 여행은 새로운 풍경을 보는 데 있는 게 아니라 새로운 시각을 얻는 데 있다.** ― 마르셀 프루스트

요즘 기술의 발전 덕분으로 가상현실, 증강현실의 경험이 가능해지고 있다. 그러나 그것은 관광이지 여행은 아니다. 구경은 가능할지 모르지만 여행을 이것들로 대체하기는 어려울 것으로 보인다.

여행은 단지 오감의 만족이 아니라 체험으로 배우는 것이다. 견문을 넓혀 사유를 발전시키는 것이다.

- "현명한 자는 여행을 할 필요가 없다." — 미상

○ 쓰려는 충동이 나를 떠나려 한다면, 그날이 내 마지막이 되기를 바란다. — 나기브 마푸즈

읽는 것을 넘어 글을 쓴다는 것은 매우 깊은 의미를 가진다. 소설가나 시인뿐 아니라 누구에게나 삶의 중요한 부분이 될 수 있다.

- "작가는 집필 순간에만 작가로 존재한다. 내가 나라고 말하는 순간에만 나로서 존재하는 것과 같다." — 롤랑 바르트

○ 책을 태우는 것보다 더 나쁜 범죄들이 있습니다. 그중 하나가 책을 읽지 않는 것입니다. — 조지프 브로드스키

분서(焚書)는 독재자의 범죄다. 다른 이의 지성을 말살하려는 최고 범죄 중 하나다. 그런데 자신의 지성을 스스로 말살하다니!

○ 독창성은 지혜로운 모방에 다름 아니다. — 제현

"태양 아래 새로운 것은 없다."라고 했다. 세상 모든 것은 원인이 있고 그 원인은 기존의 것이다. 독창성도 마찬가지다. 하늘로부터 뚝 떨어지는 것은 없고, 이미 있던 것들의 모방으로부터 새로운 것이 창조되는 법이다. 뉴턴도 "거인의 어깨 위에서 더 멀리 볼 수 있었다."라고 말한 바 있다.

모방하는 방법이 문제다. 그대로 베껴서는 곤란하다. 기존의 것을 잘 혼합하여, 잘 모자이크하여 남들이 생각 못한 결과를 도출해야 지혜롭다고 할 수 있다. 원료를 잘 혼합해서 새로운 것이 창조되어야 한다.

우선 원료와 재료가 풍부해야 한다. 그러면 그것들이 저절로 혼합되어 창의성이 폭발할 수 있다. 많은 경험과 생각이 쌓이다 보면 느닷없이 영감이 떠오르는 경우가 많다.

- "창의성은 경험을 연계해 새로운 것을 합성하는 능력을 뜻한다."
  — 스티브 잡스
- "창의적인 사람은 새로운 생각을 창조하는 게 아니다. 자신의 머릿

속에 있는 생각을 새롭게 조합할 뿐이다." ― 알렉스 오스본

○ 나는 천재가 아니다. 다만 남들보다 더 오래 고민할 뿐이다.
― 아인슈타인

"Slow and steady wins the race."란 말도 있듯이 성공을 위해 꼭 천재일 필요는 없다. 시간이 더 걸리더라도 생각을 멈추지 않으면 된다. 결과가 그 사람을 천재로 칭송할 뿐이지 천재라서 그 결과가 나온 것은 아니다.

- "천재? 그런 것은 절대 없다. 다만 연구와 방법이 있을 뿐이다."
  ― 로댕
- "바이올린 연습을 37년 동안 하루에 14시간씩 했는데 사람들은 나를 천재라고 부른다." ― 파블로 데 사라사테

○ 이성으로 비관적일지라도 의지로 낙관하라. ― 안토니오 그람시

성공과 실패를 가르는 것은 여러 가지가 있겠지만 마음가짐이 가장 중요하다. 문제에 닥쳐 이미 마음이 지고 있다면 그 문제를 풀기

는 애초에 불가능하다. 강자는 긍정의 힘을 믿으며 낙관적이다.

인생에서 만남은 피할 수 없다. 불가피한 만남이라면 그 대상의 밝은 면을 찾고 그것을 개선하려 애쓰는 것이 유리하다. 결과는 실패라도 과정은 그렇지 않을 수 있다. 강자는 그 실패에서도 긍정적인 면을 찾으려 한다. 그 과정에서 성공의 가능성은 더욱더 높아진다.

"강자가 살아남는 것이 아니라 살아남는 자가 강자"라는 말도 있다. 많은 경우 마음가짐이 과정을 지배하고 약자라도 과정이 잘 풀리면 승자가 되는 것이다.

- "비관론자들은 모든 기회에 숨어 있는 '문제'를 보지만 낙관론자들은 모든 문제에 감춰져 있는 '기회'를 본다." — 처칠
- "길을 가다 돌을 만나면 약자는 그것을 걸림돌이라 하고 강자는 그것을 디딤돌이라 한다." — 토머스 칼라일

○ Soft and sharp wins the race! — 강윤호

메이저리그 샌프란시스코 자이언츠 투수였던 매디슨 범가너의 월드시리즈 우승 활약을 보고 깨달은 것이다. 그는 불같은 강속구를 던지는 투수가 아니다. 그럼에도 힘들이지 않는 유연한 피칭으로 때로 날카롭게 타자의 타이밍을 뺏으면서 많은 이닝을 던짐으로써 게임을 지배했다.

'유능제강(柔能制剛)'이라는 사자성어도 있다. "부드러운 것이 능히 단단한 것을 이긴다."라는 뜻이다. 스포츠에서뿐만 아니라 인생에서도 유연하고 부드러우면서 때로 날카로운 것이 승리하는 경우가 많은 것 같다.

- "나비처럼 날아서 벌처럼 쏴라." ― 무하마드 알리

○ 어떻게 하면 좋은 아이디어를 얻을 수 있을까? 많이 생각하고, 나쁜 아이디어를 버리면 된다. ― 라이너스 폴링

무엇을 원한다면 우선 생각을 많이 해야 한다. 브레인스토밍도 좋다. 준비한 자에게 기회가 온다고 했다. 생각을 하는 중에 퍼뜩 영감도 떠오르는 법이다.

- "좋은 아이디어를 얻는 가장 좋은 방법은 많은 아이디어를 얻는 것이다." ― 제현

○ 상상력이 지식보다 중요하다. 지식은 한계가 있지만, 상상력은 온 세상을 품을 수 있다. ― 아인슈타인

현상 유지를 위해서는 지식으로 족하다. 그러나 현실의 문제를 풀고 앞으로 더 나아가기 위해서는 기존의 지식 이상이 필요하다. 지식의 한계를 넘기 위해 필요한 것, 지식의 발전을 위해 필요한 것이 상상력이다.

○ 人百己千 — 최치원

최소한 양심이 있다면 남보다 성공하기 위해 이런 마음은 먹어야 하지 않을까?

- "너는 왜 평범하게 노력하는가? 시시하게 살길 원치 않으면서!" — 케네디

○ 혼자 꿈꾸면 영원히 꿈이지만 함께 꿈꾸면 현실이 된다. — 프리덴스라이히 훈데르트바서

원하는 것이 있으면 혼자서 고민하지 말고, 꼭 누군가와 함께 하기를. 절망에서 벗어나는 것도 마찬가지로 혼자하기 힘들면 누군가와 같이 하기를.

- "희망은 본래 있다고도 할 수 없고, 없다고도 할 수 없다. 그것은 마치 땅 위의 길과 같다. 원래 땅 위에는 길이 없었지만, 걸어가는 사람이 많아지면서 그게 바로 길이 되는 것이다." ― 루쉰

○ 우리 모두 리얼리스트가 되자. 그러나 가슴속에 불가능한 꿈을 가지자. ― 체 게바라

체 게바라가 위대한 이유는 초지일관했기 때문이다. 그는 쿠바혁명 성공 후 게릴라 생활을 끝내고 권력자가 될 수 있었다. 그러나 그는 끝까지 불가능한 꿈을 간직한 혁명가로서 일관되게 볼리비아에서 게릴라 활동을 하다 죽음을 맞았다.

우리 모두가 현실에서 체 게바라처럼 살기는 불가능할 것이다. 그러나 불가능한 꿈이라도 간직하는 것이 우리의 현실적 삶에 큰 지주가 될 것임은 틀림없다.

- "가장 탁월한 이상주의자가 가장 탁월한 현실주의자다. 꿈을 가진 이만이 극복해야 할 현실이 보인다. 꿈을 가진 사람이란 극복해야 할 현실을 가진 사람이다." ― 강신주
- "이상은 별과 같다. 우리는 이상에 다다를 수는 없지만, 뱃사람들과 마찬가지로 이상을 기준으로 인생의 항로를 설정한다." ― 카를 슈르츠

○ 변화가 필요하기 전에 변하라. — 잭 웰치

변하지 않는 것은 없다는 것만이 변하지 않는 진리다. 변화에 적응하는 것도 적응의 한 형태라고 할 수 있다. 안 그러면 도태될 수밖에 없다. 변화를 거부하면 성공과 승리는커녕 현상 유지도 기대할 수 없다.

구태를 벗어나야 한다. 사람도 기업도 구태를 벗어나는 것에서부터 변신도 혁신도 가능하게 된다.

- "어려움은 새로운 아이디어를 개발하는 것이 아니라 옛것으로부터 벗어나는 데 있다." — 케인즈

○ 성공은 안주를 낳습니다. 현실에 안주하면 실패하게 됩니다. 편집광만이 살아남습니다. — 앤디 그로브

성공이 안주를 가져와 실패를 겪는 경우를 우리는 비즈니스 세계에서 흔히 볼 수 있다. 핸드폰 시장에서 노키아의 경우가 대표적이다. 이 말을 한 앤디 그로브가 CEO로 있었던 인텔도 마찬가지다. CPU의 성공에 안주하여 AI에 뒤처진 것이다.

약간의 집착, 적절한 불안과 강박도 필요한 것이 인생이다. 한번 성공으로 너무 만족하게 되면 뒤처지게 되는 것이 이치다. 과거의

영화에 빠져 시류를 놓치는 우를 범하지 않아야 한다.

- "보통 이전 시대의 스타였던 사람이 변화에 가장 늦게 적응하고, 전략적 변곡점의 논리에 가장 늦게 굴복하며, 대부분의 사람보다 더 강하게 실패하는 경향이 있습니다." ― 앤디 그로브

◇ 모두가 원하지만 아무도 하지 않는 일에 도전하라. ― 마윈

이런 일을 찾을 수만 있다면…….

이보다는 지금 하고 있는 일에 더 힘을 쏟는 것이 나을 것 같다. 누구나 하는 일을 하고 있더라도 남보다 얼마나 더 잘 할 수 있을지 심혈을 기울여 보자. 모두가 원하는 기대에 어떻게 하면 더 잘 부응할 수 있을지 노력해 보자.

- "초우량 기업은 평범한 기업이 하지 않는 일을 하는 것이 아니라 평범한 기업도 하는 일을 탁월하게 하고 있을 뿐이다." ― 톰 피터스
- "같은 라면이라도 무엇을 넣고 어떻게 끓이느냐에 따라 맛이 달라진다. 세상에 평범한 직업이란 없다. 다만 우리가 평범하게 일할 뿐이다." ― 김달국

○ 나는 평생 단 하루도 일이란 걸 해 본 적이 없다. 그건 모두 즐거움이었다. ― 에디슨

찐 부럽다.

- "노동은 최선의 것이기도 하고 최악의 것이기도 하다. 자유스런 노동이라면 최선의 것이며, 노예적인 노동이라면 최악의 것이다." ― 알랭(에밀 샤르티에)
- "아침에 일어나서 하고 싶은 일을 하다가 잠자리에 들 수 있다면 성공한 사람이다." ― 밥 딜런
- "세상에는 오직 한 가지의 성공이 있는데, 그것은 당신의 방식대로 사는 것이다." ― 크리스토퍼 몰리

○ 그대가 서 있는 곳에서 그대가 가진 것으로 그대가 할 수 있는 최선의 일을 해라. ― 시어도어 루스벨트

이것을 하는 자가 초인이고 슈퍼맨이다. 이것을 해내는 자가 성공한 자이고 인생의 승리자다. 인간에 대한 다른 평가 기준은 없다.

- "성공하려면 세상을 있는 그대로 받아들인 후 그것을 뛰어넘어야 한다." ― 마이클 코다

- "남들보다 더 잘하려고 고민하지 마라. 지금의 나보다 잘하려고 애쓰는 게 더 중요하다." — 윌리엄 포크너

◇ 천재는 노력하는 자를 이길 수 없고, 노력하는 자는 즐기는 자를 이길 수 없다. — 미상

그럴듯한 말이지만 단정하기는 어려울 듯.
즐기라는 말을 노력을 폄하하는 뜻으로 써서는 안 될 것이다. 노력도 없이 즐기면서 성공하는 자가 천재 아닐까?

- "노력하는 사람보다 즐기는 사람이 성공한다? 다 뻥입니다! 어떻게 저리 무책임한 말을 할 수가? 지들이 도와줄 것도 아니면서."
  — 서장훈

○ 독서와 정신의 관계는 운동과 신체의 관계와 같다. — 리처드 스틸

유비의 표본.
사람은 지덕체로 이루어져 있다. 체력을 기르기 위해서는 운동이 필요하다. 지력과 덕력을 기르기 위해서는 독서가 필요하다.

○ 여유가 생긴 뒤에 남을 도우려 하면 결코 그런 날은 없을 것이고, 여가가 생긴 뒤에 책을 읽으려 하면 결코 그 기회는 없을 것이다. ― 정약용

○ 책은 인생이라는 험한 바다를 항해하는 데에 도움이 되도록 남들이 마련해 준 나침반이요, 망원경이요, 지도다. ― 아놀드 베넷

책속에 길이 있다는 말에 90% 동의한다.

○ 예술이 대중성을 띠도록 노력해서는 안 된다. 대중 스스로 예술적이 되도록 노력해야 한다. ― 오스카 와일드

진정한 창작자라면 작품성이냐 대중성이냐를 놓고 고민할 필요가 없다. 작품성을 포기하면 예술이 아닌 것이다. 자기의 창조성을 끝까지 밀고 나가는 것이 예술 정신이다.

◯ 사업은 망해도 괜찮아요. 신용을 잃으면 그걸로 끝입니다.
— 정주영

신용을 잃지 않는다면 앞으로 기회는 얼마든지 있다.

◯ 불가능하다구? 해 보기는 했어? — 정주영

시도하라. 도전하라. 최선을 다하라. 그래도 안 되면 말구.
도전이 가능한 사회, 기회가 주어지는 사회, 실패해도 재기가 가능한 사회를 위하여!

- "모든 위대한 성취는 처음에는 불가능해 보였던 것들이다." — 토마스 칼라일

◯ 새로운 요리법의 발견은 새 별의 발견보다도 사람을 행복하게 한다. — 장 앙텔름 브리야사바랭

사람에게 먹는 즐거움은 그 무엇보다도 더 크다고 할 수 있다. 창의적인 요리사가 되는 일은 아주 멋져 보인다.

- "이 세상에서 정말 즐거운 것이 몇이나 될까 하고 손가락으로 세어 보니, 그다지 많지 않았다. 그중 첫째는 음식이었다. 그러므로 사람이 어떻게 먹는지를 보면 그가 현명한지 어리석은지를 알 수 있다."
 ― 알랭(에밀 샤르티에)

○ 예술을 위한 예술은 아름다울지 모른다. 그러나 진보를 위한 예술은 더욱 아름답다. ― 빅토르 위고

세상을 진보시키는 아름다움은 예술가의 재능에 위대함을 덧붙일 것이다.

○ 책은 여러분이 어떤 주제를 완전히 탐구할 수 있게 해 주고 오늘날 대부분의 미디어보다 더 깊이 있는 방법으로 몰입할 수 있게 해 준다. ― 마크 저커버그

SNS의 대표 기업가가 한 말이다. AI가 대세로 접어드는 오늘날에도 좋은 책을 대체할 수 있는 미디어는 아직 없는 것 같다.

디지털이 완전히 아날로그를 대체할 수는 없다고 생각한다. 디스플레이가 아무리 발전한다고 해도 그것이 종이로 만들어진 책만이

가진 편의와 감성을 완전히 대체할 수는 없을 것이다.

○ 우리가 반드시 알아야 할 유일한 일은 도서관 위치를 파악하는 것이다. ─ 아인슈타인

도서관에 길이 있다. 포기하기 전에 도서관을 찾자.

- "모든 방법이 실패하면 포기하고 도서관에 갈 것." ─ 스티븐 킹
- "천국이 있다면, 그곳은 도서관의 모양을 하고 있을 것이다." ─ 보르헤스

○ 세상은 무언가에 미친 사람에 의해 바뀐다. ─ 엄홍길

이성으로 세상을 바꾸기는 어렵다. 이성은 계산적일 수밖에 없다. 계산은 세상에 잘 적응하는 데 필요한 것이다. 계산을 뛰어넘는, 합리적 예상을 초월하는 광기만이 세상을 바꿀 수 있다.

- "세상을 바꾸는 사람들은 자신이 세상을 바꿀 수 있다고 믿을 만큼 미친 사람들이다." ─ 스티브 잡스

○ 예술가가 의지만 있다면 대량 생산된 물건도 예술 작품이 될 수 있다. ─ 마르셀 뒤샹

예술의 의미는 고대, 근대, 현대 등 시대에 따라 많이 변화해온 것 같다. 예술에서도 의지가 중요한 것은 다른 모든 분야와 마찬가지일 것이다. 오늘날과 같은 자본주의 사회에서는 뒤샹과 같은 의지도 가능하리라 본다. 단순한 재현보다는 의미의 창조가 점점 더 강조되고 있다.

- "모든 예술은 자연의 모방이다." ─ 제현
- "예술의 사명은 자연을 모방하는 것이 아니라 자연을 표현하는 일이다." ─ 제현
- "예술가가 '예술'이라고 말하는 어떤 것이든 '예술'이 될 수 있다." ─ 마르셀 뒤샹
- "예술에 추한 것은 오직, 개성이 없는 것이다." ─ 로댕
- "시는 감정을 표현하는 것이 아니라, 감정을 창조하는 것이다." ─ 기욤 아폴리네르

○ 미(美)는 그 진가를 감상하는 사람이 소유한다. ─ 피천득

아름다움은 나름대로 그냥 즐기면 된다고 본다. 그러나 나는 잘

모르지만 공부를 하고 안목을 높이면 더 차원 높은 미를 느낄 수 있다고 한다.

- "우리가 예술에서 찾아야 할 것은 사진과 같은 진실이 아니라 살아 있는 진실이다." ― 로댕
- "라파엘처럼 그리기 위해서 4년이 걸렸지만, 어린아이처럼 그리기 위해서는 평생을 바쳤다." ― 피카소

○ 끝날 때까지 끝난 게 아니다. ― 요기 베라

이 말은 승자의 입장에서는 끝까지 방심하지 말라는 얘기이고, 패자의 입장에서는 언제든 다시 기회가 올 수 있다는 얘기가 될 것이다.

인생은 축구가 아니라 야구다. 삶은 시간이 정해져 있지 않다. 언제든 시간도 있고 기회도 있다. 버티면 된다. 버틸 수 있으려면 시간을 자기편으로 만들어야 한다. 시간에 얽매일 수 있는 일을 되도록 피해야 한다. 건강 관리, 부채 관리 등 시간과 관련된 모든 일을 잘 관리해야 한다. 당신은 항상 최후의 승자가 될 수 있다.

○ 나는 마지막 사람이 멈춘 곳에서 시작한다. ― 에디슨

성공은 노력에서 온다. 그냥 노력이어서는 안 된다. 노력을 무작정 해서는 안 된다. 현명하게 잘 해야 한다.

다른 사람의 실패에서 배워라. 왜 실패했는지, 무엇이 부족했는지 치밀하게 분석하는 데서 성공의 실마리를 찾을 수 있다.

- "아이디어를 개발하는 거의 모든 사람은 불가능해 보이는 지점까지 그것을 실행하고 나서는 낙담한다. 그곳은 낙심할 곳이 아니다."
   ― 에디슨
- "당신이 포기할 때, 나는 시작한다." ― 일론 머스크

○ 할 수 있거나, 할 수 있다고 생각하는 무엇이든 그것을 시작하라. 용기는 그 안에 천재성, 힘 그리고 마술을 갖고 있다. ― 괴테

"용기 있는 자만이 미인을 얻을 수 있다."라는 말도 있다. 누구나 기적을 만들 수 있다. 그것은 용기를 가지는 것에서 시작된다.

○ 두렵지 않기 때문에 나서는 것이 아닙니다. 두렵지만 나서야 하기 때문에 나서는 것입니다. 그게 참된 용기입니다. ― 김대중

두려움 없는 인간은 없다. 많은 선현들이 말했듯이 용기는 두려움이 없는 것이 아니라 두려움에도 불구하고 나서는 것이다.
당신도 나도 그 누구도 두려워하는 존재다. 그러나 용기를 가진 자 두려움을 극복할 수 있다.

○ 겉모습이 촌스러운 것은 용서가 되는데 마인드가 촌스러운 것은 용서가 안 돼요. ― 김혜수

겉모습이 항상 멋진 배우가 이런 말을 하다니 정말 멋지네요. 겉과 속이 다 멋진 배우 같네요.

○ 다 벗고 거울 앞에 섰을 때 본인 몸에 만족하세요? ― 한혜진

겉도 속도 다 중요하다. 정신만 가꾸지 말고 몸도 잘 가꾸자. 건강하게 아름답게.

○ 어릴 적부터 영화를 공부하며 가슴에 새겼던 말이 있습니다. '가장 개인적인 것이 가장 창의적인 것'이란 말인데요. 그 말을 한 분이 바로 마틴 스코세이지 감독입니다. — 봉준호

한류가 유행하는 가장 큰 이유를 나는 한국의 민주주의에서 찾는다. 민주주의는 개인주의를 기초로 한다. 다만 이는 이기적 개인주의가 아니라 각자의 개성을 인정해 주는 진보적 개인주의를 의미한다.
'촛불혁명'과 '빛의혁명'이라는 가장 평화적이고 모범적인 혁명이 한국 민주주의의 저력을 보인 바 있다. 이런 선진적 민주주의 하에서 개인적 창의성이 만발하고 문화가 융성하는 것은 당연한 일이다.

○ 단지 쉬운 것만을 읽지 말라. 당신은 그것에 의해 즐거워질 수 있을 것이지만, 결코 그것으로 인해 성장할 수 없다. — 짐 론

당신은 성장을 바라는가? 바라지 않아도 된다. 그저 그렇게 살아도 전혀 문제될 게 없다. 당신만의 그저 그런 인생이니까.

○ 무엇을 쓰든 짧게 써라. 그러면 읽힐 것이다. 명료하게 써라.

그러면 이해될 것이다. 그림같이 써라. 그러면 기억 속에 머물 것이다. ― 조셉 퓰리처

짧고 명료한 글쓰기 방법.

○ 물욕을 버려라. 정치욕을 버려라. 불멸에 대한 갈망을 버림으로써 죽음에 대한 공포를 떨쳐 버려라. 공적인 삶보다 작은 공동체에서 가까운 친구와 더불어 지적 교류를 하고 토론하는 삶을 즐겨라. ― 에피쿠로스

삶의 하나의 모델.

○ 내 삶은 실패의 연속이었다. 그게 바로 내가 성공한 이유다. ― 마이클 조던

"실패에서 배워라.", "실패는 성공으로 가는 과정이다."라는 등 실패를 긍정적으로 보는 말들이 많다. 모든 스포츠맨 중 최고라 평가받는 자의 성공도 수많은 실패를 밑바탕으로 한 것이었나 보다.

○ 성공이란 당신이 할 수 있는 최선을 다했다는 사실에서 오는 마음의 평화다. ― 존 우든

성공은 이기고, 획득하는 데만 있는 것이 아니다. 지고도 놓치고도 얻을 수 있는 일말의 성취감이 인생 전체에 있어서는 성공이 될 수 있다.

○ 건강은 돈이 아니라 시간으로 만들어진다. ― 아놀드 베넷

한번 망가진 건강을 회복하는 데는 시간도 시간이지만 많은 돈이 필요하다. 그러나 건강을 유지하고 증진하는 데는 돈보다 시간이 더 중요한 것 같다. 돈이 투입되는 건강은 부작용이 클 수 있다. 꾸준한 시간이 투입된 건강은 부작용도 적고 망가지기도 어렵다.
건강을 유지하는 매일의 루틴을 만들어 보자.

○ 진선미는 조화와 균형이다. ― 강윤호

최고의 진리, 최고의 선, 최고의 아름다움은 모두 조화와 균형을 이룬 것들이다.

과학적 지성과 철학적 직관 사이, 도덕과 욕망 사이, 그리고 이성을 중시하는 근대성(modernity)과 광기의 순기능을 긍정하는 탈근대성(post—modernity) 사이에서 조화와 균형을 이룰 때 최고의 진선미가 창조된다.

데카르트적 지성과 베르그손적 직관의 결합으로 우리는 참다운 진리에 다가갈 수 있다. 칸트의 도덕과 들뢰즈의 욕망의 조화와 균형으로 우리는 행복한 윤리적 삶을 누릴 수 있다.

- "가장 아름다운 예술 작품은 광기가 발동시켜 이성으로 하여금 쓰게 하는 것이다." ― 앙드레 지드
- "미는 도달점이지 출발점이 아니다. 그리고 사물이 아름다울 수 있는 것은 오직 그것이 진실할 때뿐이며, 진실 이외에 미는 없다. 또한 진실이란 '완전한 조화'를 말한다." ― 로댕

● 스스로 포기하지 않는 한 어떤 것도 나를 진정으로 멈추게 할 수는 없다.

모든 것을 자유로운(?) 개인의 책임으로 돌리는 신자유주의의 캐치프레이즈가 바로 이런 말이다. 일부의 자유를 마치 전체의 자유인 것처럼 호도하는 말이다. 나를 멈추게 하는 것은 너무도 많다. 현실을 보라.

절대 인생을 포기하지는 말아야 한다. 그러나 현실은 나를 멈추게 하는 것투성이다. 삶을 포기하지 말고 우리를 멈추게 하는 것들에 함께 대항해 나가야 한다. 혼자서는 힘들다. 포기하지 말고 연대를 모색해야 한다.

○ 끝까지 하라. 내 삶에서 가장 소중한 발견은 바로 인내였다. 내가 가치 있는 발견을 한 것은 다른 능력보다 참을성 있게 관찰한 덕분이다. ─ 뉴턴

"인내는 쓰나 그 열매는 달다."라고 했다. 고해라고도 불리는 삶에서 참고 견디는 것은 무엇보다 중요하다. 역사상 최고의 과학자 중 하나로 칭송받는 자가 내세우는 가장 소중한 발견도 인내인 것이다.

○ 버티면 이길 수 있다. 무엇으로 버티느냐? 진실과 진심으로! 양식과 양심으로! ─ 강윤호

우월한 힘을 가져야 이길 공산이 크다. 근데 가진 것 없는 자가 어찌 이길 수 있을까? 가진 것이 없으면 순종할 수밖에 없는가? 주인

으로 사는 것은 불가능한가?

　가진 것이 없는 자는 버티는 수밖에 없다. 버티고 버티는 자가 최후의 승자가 될 수 있다. 가진 것이 없는데 무엇으로? 진실의 힘으로. 내가 너보다 더 진실하다는 것은 그 무엇보다도 강한 힘이 될 수 있다. 너는 거짓이고 내가 진실하다는 우월감은 상상 이상의 자신감과 용기를 준다.

　주의할 점은 진심으로 진실이어야 한다는 것이다. 요즘 자주 하는 말로 확증편향에 빠지지 않도록 주의해야 한다. 나의 양식과 양심을 토대로 모든 정보에 개방적인 진심 어린 판단이어야 한다. 진실로 포장된 것은 너와 나 모두의 불행이다. 궁극적으로는 너도 파괴하고 나도 파괴한다.

　양식과 양심을 갖춘 진심으로 진실을 추구하자.

06

우리 사회가 잘돼야
나에게도 좋지 않나요

○ 모든 개인적인 문제는 사회적인 문제다. 사회적 관계를 회복할 때 개인은 진정 치유될 수 있다. 우울하고 신경질적이며 무기력한 사람에게 필요한 것은 '사회가 당신을 필요로 한다. 당신을 원한다.'라는 메시지다. ― 아들러

사회의 진보적 재건이 시급하다. 자살률이 제일 높은 것이 작금의 한국 사회다. 노인 빈곤율도 OECD 최고다. 진짜 진보가 힘을 잃고 위선 진보가 판을 치는 상황에서 그것과 공생하는 극우 파시즘이 사람들의 사고를 갉아먹고 있는 것이 한국의 현실이다. 그들의 해방구는 혐오와 폭력뿐이다.

사회적 관계를 회복하여 사회적 문제를 해결하기 위해 진보의 재건이 필요하다. 기본사회의 실현과 같은 사회 개조가 필요하다. 개인을 돌보고 지킬 수 있는 사회가 필요하다.

○ 인간은 다섯 개의 피부를 가지고 있다. 첫째는 피부, 둘째는 옷, 셋째는 집, 넷째는 사회적 환경, 다섯째는 지구다. — 프리덴스라이히 훈데르트바서

인간과 사회, 인간과 지구는 연결돼 있다. 언제든 상호작용한다. 따로 떼어서 생각해서는 안 된다.

- "우리는 자연의 일부다. 우리는 자연보다 우월하지 않다." — 프리덴스라이히 훈데르트바서

○ 정치를 외면한 가장 큰 대가는 가장 저질스러운 인간들에게 지배당한다는 것이다. — 플라톤

정치는 우리의 일상과 떼려야 뗄 수 없는 관계에 있다. 정치에 무관심한 것이 고고한 것도 아니다. 정치에 무관심한 자는 덜떨어진 자일 뿐이다.
무관심을 유발하는 지배자들의 가장 좋은 수단이 정치 혐오증이다. 저질의 지배자를 만드는 데는 이러한 수단에 말려드는 저질의 피지배자의 탓도 크다. 교육과 언론의 책임이 막중하다.

- "당신이 정치에 관심을 두지 않는다고 해서 정치가 당신을 자유롭게

두는 것은 아니다." — 페리클레스
- "정치란 가장 덜 나쁜 놈들을 뽑는 과정이다. 어차피 다 나쁜 놈들이라고 투표 안 하면 가장 나쁜 놈이 당선된다." — 함석헌
- "정치는 진흙탕 속에서 피는 연꽃과 같다." — 김대중

○ 정치인은 두 부류가 있다. 인간 이하이거나 인간 이상이거나.
— 강윤호

가장 더러운 것이 정치판이다. 권력과 이익을 위해 온갖 권모술수가 난무하는 곳이 정치판이다. 혹독한 탄압과 잔인한 학살, 인간 말살의 전쟁으로까지 이어지는 게 정치다. 정치 혐오가 없을 수 없다.

이런 막장 판에 들어가고자 하는 사람이 어찌 제정신일 수 있을까? 범인은 감히 꿈도 꾸지 못할 것이다. 대부분은 자기의 이권을 지키기 위해 권력을 사유화하려는 자들일 것이다. 반면에 세상을 구하고 정의를 실현하고자 하는 소수 희귀한 자들이 있을 뿐이다. 요컨대 정치판을 기웃거리는 자들은 대부분 선의로 살아가는 평범한 인간 이하라고 할 수 있다. 평범하고 소박한 인간들을 위해 자신의 욕구를 억제하고 희생하려는 자는 드물다.

이렇게 두 부류가 인간 이하와 이상으로 확실히 드러나기만 한다면 막장 정치라도 오히려 쉽게 정화될 수 있을 것이다. 문제는 겉과 속이 다른 정치인이다. 인간 이하이면서 인간 이상인 것처럼 보이려

는 자들이다. 자신의 이익이 먼저이면서도 정의로운 것처럼 꾸미기를 잘하는 자가 문제다. 본질은 반동이면서도 잘 포장된 가짜 진보, 위선 진보, 선택적 진보, 간헐적 진보가 더 큰 정치의 걸림돌이다. 정치인을 잘 가려내는 혜안이 필요하다. 그래서 정치가 잘 되기 위해서는 언론과 교육이 중요한 것이다.

○ 공정한 사회란 단지 재능 있는 사람이 경쟁에서 이기는 사회가 아니라, 모든 사람이 잠재력을 발휘할 수 있는 조건을 갖춘 사회다. ― 마사 누스바움

요즘 젊은이들이 공정을 많이 주장하는 것 같다. 그러나 공정이 능력주의에 치우쳐서는 안 된다. 형식적인 시험의 결과만으로 재능을 측정하는 것도 잘못이다.

- "능력주의는 성공한 사람들에게 '나는 내 힘으로 이뤘다'는 오만을, 실패한 사람들에게는 '내 탓이다'라는 굴욕감을 안긴다." ― 마이클 샌델
- "능력주의는 평등을 가장한 불평등의 얼굴이다." ― 대니얼 마코비츠
- "능력이나 재능은 우연히 타고난 것이며, 그것만으로 보상을 받는 것은 정당하지 않다." ― 존 롤스

○ 고귀한 아이, 비루한 아이는 없다. 그러나 고귀한 노인, 비루한 노인은 있다. — 강윤호

인간은 평등하고 위계가 없다는 말은 태생에 귀천이 없다는 말이다. 태어난 환경과 상관없이 누구나 동등하게 대우받아야 한다. 그러나 나이 먹을수록 죽음이 가까워질수록 귀천이 뚜렷해지고 위계는 커진다. 기준과 척도는 각자 다를 것이나 어쨌든 그렇다.
그 기준과 척도가 무엇인가에 따라 그 사회가 진보적인지 반동적인지가 결정된다.

○ 불안이란 자유가 느끼는 현기증이다. — 쇠렌 키르케고르

불안에 굴복하여 자유를 포기하는 것이 파시즘이다. 불안을 무서워하는 자가 노예다.
자유 없는 노예의 삶이 무슨 의미가 있겠는가? 노예는 존재의 가치가 있는가? 실존의 조건은 자유다. 불안을 피할 수 없다면 즐겨라. 불안이 삶을 흥분시키고 설레게 한다. 자유에게 누릴 만한 가치를 부여한다.

○ 자유란 책임을 의미한다. 그래서 대부분의 사람은 자유를 두려워한다. — 조지 버나드 쇼

자유를 두려워하는 경향 때문에 대부분의 사람은 파시즘적 요소를 가지게 된다.

○ 자유는 더 높은 정치적 목적을 위한 수단이 아니다. 자유 그 자체가 최고의 정치적 목적이다. — 액톤 경

자유는 인간이 가지는 최고의 이념이다. 자유를 포기하는 것은 인간이기를 포기하는 것이다.

- "여윈 자유가 살찐 노예보다 낫다." — 존 레이

○ 반쯤 진실인 거짓말은 언제나 가장 사악한 거짓말이다. — 제현

완전한 거짓말은 잘 드러난다. 그래서 물리치기가 쉽다. 오히려 반쪽 진실이 더 유해하다. 반만 진실인 것, 반만 진실인 사람은 잘 드러나지 않아 매우 위험하다. 보이지 않는 내부의 적이 보이는 외부

의 적보다 더 위험한 것처럼. 위선적 진보, 선택적 진보, 간헐적 진보가 반동보다 더 위험한 것처럼.

평소에는 90% 진실을 말하면서 신뢰를 얻은 후 중요한 때 10% 기만적인 이적행위를 하는 사람이 제일 무서운 것이다. 열 번을 잘해주다가 한 번 뒤통수치는 것이 제일 무서운 것이다. 그래서 내부의 적이 더 무섭다. 그래서 허위보다 위선이 더 무섭다.

- "절반의 진실은 거짓 중에서 가장 비겁하다." ― 마크 트웨인

◇ 修身齊家治國平天下 ― 공자

공자의 이 말을 해석할 때는 주의할 점이 있다. 『명심보감』에는 '家和萬事成'이라는 말도 있다. 우리는 특히 '齊家', '家和'라는 말을 곡해하지 않아야 한다. 가정 화목의 명목으로 정실에 치우쳐서는 안 된다. '治國'이나 '平天下' 그리고 '萬事'를 成하려는 사람은 공사 구분에 유의해야 한다.

아예 가족을 버리고 출가한 석가모니와 같은 성자의 경지는 아니더라도 최소한 공직자라면 공과 사를 확실히 구분해야 한다.

○ 불복종은 인간의 원초적인 미덕이다. 그것을 통해 진보가 이루어진다. ― 오스카 와일드

진보는 저항을 통해 이루어진다. 순응은 진보의 미덕이 아니다.

- "역사는 권력자들의 기록이 아니라, 저항하는 사람들의 이야기다."
― 하워드 진

○ 정보의 투명성이 민주주의의 핵이다. ― 강윤호

"정보를 가진 자가 세상을 지배한다."라는 말이 있다. 모두에게 투명하게 정보가 제공되어야 민주주의가 작동할 수 있다.

민주주의의 요체는 언론의 자유다. 언론 자유의 요체는 표현의 자유와 알 권리다. 양자는 투명한 정보가 없다면 속빈강정에 불과하다.

- "정보는 권력의 원천이다." ― 로버트 그린

○ 민주주의 최후의 보루는 깨어 있는 시민의 조직된 힘이다.
― 노무현

민주주의의 성패는 대중의 깨어 있음에 달려 있다. 깨어 있는 시민의 육성을 위한 민주주의 교육이 절실하다. 파시스트의 싹을 자르고 민주주의자를 양성하는 정치교육이 필요하다.

거기에 더해 언론 개혁이 이뤄져야 시민을 깨어 있게 할 수 있다. 교육과 언론이 민주주의의 요체다.

◇ 권력은 시장으로 넘어갔다. ― 노무현

신자유주의가 횡행하던 시절 시장 권력이 가장 커 보였던 것은 사실이다. 당시 클린턴, 블레어, 슈뢰더 등 강대국의 지도자들마저 자유시장을 숭배하는 신자유주의에 타협하거나 굴복했다. 그런 마당에 당시 IMF 구제금융을 벗어난 지 얼마 안 되었던 한국의 지도자가 이런 말을 한 것도 이해는 할 만하다.

그러나 정치권력을 정점에서 이끌었던 한 나라의 지도자가 이런 말을 한 것이 과연 적절했는지는 의문이다. 이제 신자유주의가 저물어가고 있다. 제대로 된 지도자라면 다시 민주주의를 사유할 때가 됐다. 신자유주의 탈규제의 흐름을 구가했던 시장과 자본의 무도한 권력 행사도 이제는 절제하고 성찰할 때가 됐다. 권력의 원천은 국민이라는 민주주의의 대원칙은 절대 훼손될 수 없다.

○ 모든 사람은 높은 교양을 지녀야 한다. 민주주의 성공은 이것에 의존한다. — 존 듀이

높은 교양이라는 것은 단순히 지식이 해박한 것을 말하는 것은 아니다. 깨어 있어야 하고 지혜로워야 한다.
가장 큰 교양을 갖추는 것은 결국 민주주의자가 되는 것이다. 민주주의자로서의 식견을 갖추는 것보다 더 큰 교양은 없다.

○ 우리는 기존의 규칙을 따르기만 해서는 세상을 구할 수 없습니다. 규칙 자체를 바꿔야 합니다. — 그레타 툰베리

주인으로서의 민주주의자는 법이나 규칙을 따르기만 하는 자가 아니다. 스스로 법과 규칙을 만드는 자여야 한다. 완벽한 법과 제도는 없다. 준법을 하는 동시에 항상 깨어 있는 안목으로 그 법에 대한 문제점을 통찰할 수 있어야 한다.

○ 경제는 나 같은 부자를 더 부자로 만들어 주지만 가난한 사람에게 작동하지 않기에 기부가 필요하다. ― 워렌 버핏

시장자본주의 경제의 부작용을 정확히 꼬집는 말이다.
기부만으로는 그 부작용을 바로잡는 데 턱없이 부족하기는 하지만 그래도 투자자인지 투기꾼인지 불분명한 이 사람은 양심과 양식은 있는 것 같다.

○ 나는 돈보다 시간이 귀해요. 가족이랑 밥 한 끼 편하게 먹는 그 시간이 제일 좋아요. ― 성동일

매일 이럴 수 있는 사회가 기본사회다.

○ 君子和而不同 小人同而不和 ― 공자

다름을 인정하고 화합할 줄 알아야 큰사람이다. 공자는 이미 근대적 사유의 한계를 초월한 탈근대적 인물이다. 이미 동일성의 사유, 중심주의적 사유를 넘어 차이의 사유, 발산의 사유를 주장한 성현이다.

인간중심주의, 이성중심주의, 백인중심주의, 남자중심주의, 유럽중심주의, 자국중심주의 등 모든 중심주의는 파시즘의 위험을 내포한다.

● **대안은 없다.** ─ 마거릿 대처

TINA(There is no alternative)라는 말이 있다. 사람 이름이 아니다. 신자유주의를 찬양하며 대처 영국 수상이 지껄였던 말이다.

그러나 대안은 언제나 가능하다. 안토니오 그람시는 "이성으로 비관적일지라도 의지로 낙관하라."라고 했고 아인슈타인은 "상상력이 지식보다 중요하다"라고 했다. 이성과 지식으로는 미래가 암울하고 비관적으로 보일지라도 우리는 의지를 가지고 상상력을 발휘함으로써 미래를 낙관하고 벽을 넘고 한계를 극복해 나가야 한다. 인류의 역사는 항상 그래 왔다. 진보는 이성과 지식보다는 의지와 상상력에 의해 만들어지는 것이다.

대안은 언제나 존재한다. 대안을 상상하지 못하는 지식, 의지가 박약한 이성은 무익함을 넘어 유해하다. 진보는커녕 반동과 파시즘을 초래할 수도 있다. 의지와 상상력을 발휘하여 진보적 대안을 모색하는 데 힘을 아끼지 말자.

- "판단을 유예할 때, 상상력은 자유로워진다." ─ 알렉스 오스본

● 바보야, 문제는 경제야! — 빌 클린턴

경제보다 우선하는 문제가 정치다. 정치와 경제를 분리하여 사고하는 자가 많은데 한마디로 난센스다. 굳이 분리해 생각해 보더라도 정치가 우선이다.

정치보다 경제가 문제라고 하는 주장, 경제는 좋은데 정치는 형편없다는 주장은 틀렸다. 정치가 안 좋은데 경제만 좋을 수는 없다. 정치가 안 좋으면 필연적으로 그만큼 경제를 갉아먹는 것이다. 정치가 좋아야 경제도 좋은 것이고 정치가 더 잘되면 경제는 그만큼 더욱더 좋아지는 것이다.

정치는 안 좋은데 경제가 좋은 것처럼 보이는 경우도 있다. 그 경우가 정치 혐오가 잘 먹히는 때다. 경제주체들이 더 희생하고 더 일한 덕분일 뿐이다. 이런 때일수록 정치에 더 관심을 가져야 한다. 정치를 더 민주적으로 개선하면 경제는 훨씬 더 좋아질 수 있다. 항상 정치가 관건이다.

- "권력이라는 정치적 관계는 착취하는 경제적 관계에 선행하며 그것을 만들어 낸다. 소외는 경제적 소외이기 이전에 정치적 소외다. 권력은 노동에 선행하며, 경제적인 것은 정치적인 것의 파생물이고, 국가의 생성이 계급의 출현을 규정한다." — 피에르 클라스트르

○ '홀로'가 없는 '함께'는 맹목이고, '함께'가 없는 '홀로'는 독단이다. — 미상

이 문장은 누군가 칸트를 흉내 내어 재구성한 말인 것 같다. 나는 이것이 진보적 개인주의를 잘 나타낸다고 생각한다. 공동체와 조화된 개인주의다.

민주주의는 개인의 자유와 평등을 근간으로 한다. 개인주의가 민주주의의 토대인 것이다. 집단주의 또는 공동체주의는 개인주의와 배치되면 민주주의와 양립할 수 없다. 민주주의의 토대인 개인주의는 모두의 자유와 평등을 근간으로 하기 때문에 본질적으로 진보적이다. 진보적 개인주의인 것이다. 개인주의가 흔히 가지는 이기적 뉘앙스는 진보적 개인주의로 극복되어야 한다. 구성원 전체의 자유와 평등을 지향하는 진보적 개인주의로 말이다.

● 나는 사람에 충성하지 않는다. — 윤석열

사람에 충성하지 않는다면 조직에는 충성한다는 말인가? 검찰 집단에는 충성한다는 고백일 수도 있다. 나중에 보니 이 자는 대통령이 되고 충성심을 가장 큰 기준으로 하여 아랫사람을 뽑았다고 한다. 강직한 검사인 척하더니 전형적인 독재자의 행태를 보였다. 어쨌든 그 당시는 권력의 위선과 언론의 포장으로 이 자를 대중이 통찰

할 수 없었다.

민주주의는 충성을 요구하지 않는다. 아니 본질적으로 충성이란 게 필요하지 않다. 민주적 집단이나 조직을 지탱하는 힘은 깨어 있는 자들의 사랑이다. 나와 동료들에 대한 신뢰와 믿음을 바탕으로 하는 사랑인 것이다.

충성을 필요로 하는 것이 파시즘이다. 자발적 희생의 표본이라 추앙받고 선전되는 가미카제는 천황에 대한 맹목적 충성일 뿐이지 나와 공동체에 대한 사랑의 표출이라고 할 수 없다. 그것으로 나라를 지키지도 못했다. 파시즘의 그늘에서 아직도 빠져나오지 못하고 있는 것이 일본이다.

● 보편 복지는 사람을 게으르게 한다.

선별주의자들 또는 복지축소론자들의 터무니없는 말이다. 일부 가능할 수도 있는 것을 일반화하는 오류의 대표적 사례다.

인간은 누구나 자아를 실현하려는 욕망을 가지고 있다. 복지가 탄탄하면 사람은 더 진취적으로 된다. 게으름이 증가할 것이라는 주장은 인간을 비하하거나 왜곡하는 기득권자들의 지배욕을 드러내는 것일 뿐이다. 선별 복지가 오히려 그 혜택을 받는 사람들로 하여금 일을 거부하고 계속 빈곤을 선택하게 할 수 있다.

○ 빈곤은 제거 대상이지 시혜 대상이 아니다. ─ 강윤호

  가난한 자에 베풀려는 것으로 그치는 자는 자기와 가난한 자를 구별하는 자, 즉 선별주의자다. 가난한 자를 없애려 노력하는 자는 자기와 가난한 자를 구별하지 않는 자, 즉 보편주의자다. 전자는 파시스트의 잠재성을, 후자는 민주주의자의 잠재성을 가진다.
  선별주의의 저변에는 약자 보호라는 명목 하에 약자의 지위를 고착화하려는 위선이 자리하고 있다. 약자라는 계층 자체를 없애려는 생각, 타자와의 구별이 아닌 타자와의 합일이라는 진보적 의도는 찾을 수 없다.

- "부자의 편의는 빈자의 넉넉한 공급에 달려 있다." ─ 미상
- "빈민만을 대상으로 하는 정책은 언제나 빈곤한 정책이다." ─ 가이 스탠딩
- "진정한 연민은 거지에게 동전 한 푼 던져 주는 것이 아니다. 거지를 만들어 내는 체제를 바꾸겠다는 생각을 하는 것이다." ─ 마틴 루터 킹
- "가난은 모든 악의 근원이다." ─ 조지 버나드 쇼

◇ 일(work)하지 않는 자 먹지도 말라. ─ 사도 바울

  '일'이나 '노동'이라는 단어는 여러 의미를 가질 수 있다. 생계를 위

한 단순한 활동에서부터 취미와 자아실현을 위한 활동까지 포함할 수도 있다. 흔히 영어로 work라고 말할 때는 전자를 가리키는 것으로 볼 수 있다.

　전자의 의미라면 나는 위의 주장에 동의할 수 없다. 부자들이 사람을 부려먹기 위한 꼼수로 자주 이용되는 말이다. 인간은 일 또는 노동하지 않으면 존재이유가 없다는 노동주의의 발로다. 불로소득을 비판하고자 하는 것이라면 부자들의 불로소득이 훨씬 더 많다는 것을 알아야 한다. 타깃이 틀렸다. "노동자로서의 인간은 결국 말(馬)이 간 길을 가게 될 것이다."라는 바실리 레온티에프의 예언처럼 노동자의 일자리가 줄어드는 4차 산업혁명의 와중에도 어울리지 않는 말이다.

　땀 흘려 노동하지 않으면 인간의 가치를 저버리는 것인가? 인간을 노동으로 규정하는 것은 동의할 수 없다. 인간은 게으를 권리가 있다. 게으른 것이 좋다는 것이 아니다. 노동하지 않고도 그 사회의 분배를 요구할 권리는 얼마든지 있다. 기본소득의 논리가 그렇다. 버트런드 러셀의 『게으름에 대한 찬양』, 폴 라파르그 『게으를 권리』와 같은 책들도 있다. 인간에게는 노동 거부의 자유, 게으를 수 있는 자유가 있다. 이로부터 여유로울 수 있는 자유, 사유할 수 있는 자유도 가능하게 된다. 이러한 자유가 있어야 인간은 각성하고, 발상의 전환을 이룰 수 있다. 그래야만 혁신의 조건인 창조적 파괴도 가능하다.

○ 민주주의가 밥 먹여 준다. ― 이재명

"독재가 민주주의보다 효율적이다.", "경제성장에는 독재가 유리하다."라면서 독재를 그리워하고 독재의 효율성을 찬양하는 자들이 많다. 그들은 노예이거나 노예의 주인들, 즉 파시스트들이다. 효율적 독재라는 말은 형용모순이다. 부패와 비리가 만연하고 자유와 평등이 억압될 수밖에 없는 독재체제는 효율성과 상극이다. "민주주의보다 민생이 먼저다."라는 말도 자주 하는데, 민주주의가 최고의 민생이다.

민주주의는 독재는 물론 다른 정치체제가 도저히 따라올 수 없는 효율성을 갖고 있다. 단언컨대 투명한 민주주의만이 부패를 방지하고 비리를 척결하여 자원배분과 소득분배에서의 낭비와 불공정을 제거함으로써 궁극적으로 경제 전체를 효율화할 수 있다. 민주주의 하에서 검열이나 사찰이 사라지고 언론자유와 경제 민주화가 확고히 이루어진 상황에서 창의성이 극대화될 수 있다. 경제의 번영과 문화의 융성은 당연히 뒤따를 수밖에 없다.

- "완벽하게 실패한 민주주의가 최상의 독재보다 낫다." ― 조지프 브로드스키

◇ 민주주의는 최악의 정치 체제다. 지금까지 시도된 다른 모

든 체제를 제외한다면. ― 처칠

철인정치를 주장한 플라톤 등 민주주의에 비판을 가한 사상가와 철학자가 많다. 처칠도 위 말의 뉘앙스로 본다면 긍정적이기보다는 부정적인 것 같다.

현실적으로 민주주의보다 더 좋은 제도를 제시한 자를 나는 아직 보지 못했다. 나는 많은 부정적 요소에도 불구하고 민주주의가 최선이라고 생각한다.

- "민주주의란 완전무결주의를 의미하는 것이 아니다. 그것은 개선을 위하여 싸울 수 있는 기회를 의미한다." ― 메이어 런던
- "민주주의의 모든 질병은 더 많은 민주주의에 의해서 치료될 수 있다." ― 알프레드 스미스

◇ 각자의 몫은 각자에게, 모두의 몫은 모두에게! ― 제현

사회 배당으로서의 기본소득이 내세우는 모토다. 사적인 각자의 일이나 노동과는 무관하게 공적으로는 모두에게 모두의 몫이 공평하게 돌아가는 것이 정의에 부합한다.

● 능력에 따라 일하고 필요에 따라 분배받는다. — 마르크스

공산주의의 이상을 표현하는 구호다. 공산주의 이론을 정초한 마르크스는 인류의 진보를 이끈 위대한 사상가다. 그러나 이 말은 틀렸다. 이는 완전한 자유와 평등을 지향하는 말처럼 보이지만 실현 불가능한 선동에 불과하다. 인간의 본성과 어울릴 수 없는 말이기 때문이다. 간디는 지구의 모든 자원으로 한 사람의 욕심도 채울 수 없다고 말한 바 있다. 공산주의가 실패할 수밖에 없었던 가장 큰 이유다.

체 게바라 등 순수하게 이상을 추구했던 공산주의자들이 많았지만 공산주의가 실현된 적은 없었다. 오히려 스탈린, 마오쩌둥 등 공산주의 혁명가들이 종국에는 인간의 가장 사악한 본성을 드러낸 경우가 허다했다.

● 기본소득은 사회주의 정책이다.

경제를 잘 안다고 자처하는 많은 사람들이 기본소득은 사회주의 적이라고 주장한다. 그러나 기본소득은 좌우와 무관한 진보 정책이다. 사회주의는 생산수단의 공유가 확립되어 기본소득 자체가 필요 없는 체제다. 기본소득은 좌파나 우파, 사회주의나 보수주의 정책이 아니라 자유와 평등을 확산시키는 진보적 정책이며, 4차 산업혁명

에 대응할 수 있는 자본주의적 정책이다.

　기본소득의 도입으로 인간적이고, 생태적·친환경적이며 경제 민주화가 뿌리내린 지속 가능한 자본주의가 공정한 분배와 선순환을 이루며 발전할 수 있다.

　○ 당신이 만약 부당함을 앞에 두고 중립을 지키는 사람이라면, 당신은 압제자 편에 서 있는 것이다. ― 데스몬드 투투

중립을 가장한 위선자들이 판을 치는 세상이다. 중립, 중도라는 말은 정의와 동의어가 아니다. 좌나 우, 보수나 혁신에 중립은 가능하지만 민주와 반민주, 정의와 불의, 진보와 반동 사이에 중립은 불가능하다.

　● 인간은 합리적이다.

주류 경제학의 가장 큰 거짓말. 가장 큰 오류.
잘못된 전제는 잘못된 결론을 가져올 수밖에 없다.

- "인간은 합리적 동물이다. 적어도 나는 그렇게 들었다. 평생을 살면

서 나는 이 말을 확증할 만한 증거를 부지런히 찾아다녔다. 그러나 그것을 우연히 맞닥뜨리는 행운조차 일어나지 않았다." ― 버트런드 러셀

○ 지도자들이 다음 세대를 생각하는 동안 정치꾼은 다음 선거를 생각한다. 사람들은 최고의 정치꾼을 뽑고 그가 형편없는 지도자라는 사실을 알고는 기겁한다. ― 제현

반복되는 우리의 경험이다. 선거가 민주주의의 다가 아니라는 증거다. 투명한 정보가 관건이다. 정보를 제대로 취사선택할 수 있는 교육과 정보를 제대로 발굴하여 전달할 수 있는 언론이 민주주의의 핵심이다.

● 자유보다 평등을 우선시하는 사회는 둘 다 얻을 수 없다. 평등보다 자유를 우선시하는 사회는 높은 수준에서 둘 다를 얻을 수 있다. ― 밀턴 프리드먼

프리드먼 이 자의 의도를 믿을 수 없고, 이 자의 사유에 동의할 수 없다. 신자유주의의 거두인 이 자는 부자만의 자유를 지키려는

의도가 있는 자로 보인다.

　내가 틀려서 이 자의 의도는 순수하다면, 이 자는 자유도 평등도 모르는 사람이다. 자유는 모든 이의 자유, 즉 평등한 자유여야 진정한 자유다. 자유와 평등은 상호 보완하면서 피드백을 이룬다. 어느 하나만 앞세우면 둘 다 망가질 수밖에 없는 관계에 있다. 자유를 앞세운 신자유주의가 그랬고, 평등을 앞세운 현실 사회주의 국가들이 그랬다.

- "자유를 평등 앞에 두는 사회가 내세우는 자유와 평등은 둘 다 위선이다." ― 강윤호

○ 어느 한 곳이 정의롭지 못하면 모든 곳의 정의를 위협한다.
― 마틴 루터 킹

　우리는 히틀러의 나치즘이 어떻게 독일 사회를 좀먹어 들어갔는지 알고 있다. 나와 무관하다고 타인에 대한 부당함을 외면한다면 그 부당함은 얼마 지나지 않아 나를 덮칠 것이다.

　자유의 경우도 마찬가지다. 어느 곳의 부자유는 모든 곳의 자유에 대한 위협이다. 자유는 모두의 자유여야 한다. 평등한 자유가 보장되어야 한다. 일부만의 자유는 그 일부의 외부에 대한 지배를 의미한다.

정의란 다른 것이 아니다. 자유가 모두에게 정당하게 분배된 상태, 즉 평등한 자유가 곧 정의다.

- "자유는 단지 말로 보장되는 것이 아니라, 사회 정의와 평등 속에서 실현된다." ― 만델라
- "자유롭다는 것은 단순히 자신의 사슬을 끊는 것이 아니라 다른 사람들의 자유를 존중하고 증진시키는 방식으로 사는 것입니다."
  ― 만델라
- "자유를 원한다면 방법은 오직 한 가지뿐이다. 주변의 모든 사람에게 완전한 자유를 동일하게 보장해 주는 것이다. 그 외에 다른 방법은 없다." ― 카를 슈르츠

● '정의롭지만 무질서한 사회'와 '정의롭지는 않지만 질서정연한 사회' 가운데서 한 곳을 선택해야 한다면, 나는 망설이지 않고 후자를 택할 것이다.

'정의롭지만 무질서한 사회'와 '정의롭지는 않지만 질서정연한 사회' 가운데서 어떤 것을 선택할지는 많은 사상가들이 물었던 질문이다. 토마스 홉스, 헨리 키신저 등 많은 사람들이 후자에 가깝지만 알베르 카뮈는 전자의 입장인 것으로 알려져 있다. 카뮈의 진보성을 알 수 있는 대목이다.

질서정연한 사회이면서 정의를 외면하는 사회가 곧 숨 막히는 파시즘 사회다. 정의로운 사회라면 무질서가 금방 회복될 것이다.

- "진정한 평화는 단순히 갈등이 없는 상태가 아니라, 정의가 실현된 상태다." ― 데스몬드 투투

○ 힘만으로는 안전을 보장하지 못한다. 안전을 보장하는 유일한 것은 정의다. ― 제헌

정의로운 사회는 정의로운 자들로 구성되는 사회로서 그들은 스스로를 지키는 데 주저함이 없을 것이다. 구성원들의 자발적 참여가 없는 집단이나 조직의 힘은 사상누각이다. 고대의 페르시아전쟁, 현대의 베트남전쟁 등에서 우리는 수많은 역사적 증거를 찾을 수 있다.

○ 평화는 힘의 우위보다는 힘의 균형으로 보장된다. ― 강윤호

힘의 우위는 정복욕과 패권주의를 야기할 가능성이 크다. 한 쪽의 힘의 우위 상태에서는 신뢰가 쌓이기도 어렵다. 일방주의가 통할 수 없는 힘의 균형이 있을 때 평화는 보장된다.

한반도 비핵화가 큰 이슈다. 북한도 남한과 비슷한 정도로 가진 것이 많아야 스스로 핵을 포기할 것이다.

- "평화는 동등한 자 사이에서만 지속될 수 있다." ― 우드로 윌슨
- "세계의 모든 역사는 다음과 같은 사실로 요약된다. 국가가 힘이 셀 때는 공정하지 못하고, 공정해지기를 바랄 때는 더 이상 힘이 세지 않다." ― 제현
- "정의는 양쪽이 대등할 때만 고려된다. 힘의 차이가 있을 때는 강자가 약자를 압도한다." ― 투키디데스

○ 애국주의를 인류로부터 완전히 몰아내지 않는 한 결코 평온한 세계를 가질 수 없다. ― 조지 버나드 쇼

애국의 이름으로 자행된 수많은 전쟁과 학살이 얼마나 많았던가? 애국, 애족이 전쟁과 학살을 미화하고 정당화한 역사는 수도 없이 많다. 애국이 나쁜 것이라고 할 수는 없다. 그러나 애국이 지나쳐 애국주의라는 이념으로 변질되면 그처럼 위험한 것이 없다. 모든 부당함의 합리화 수단이 될 수 있는 것이 애국주의다.

군국주의와 침략주의와 연결된 애국심과 민족주의가 파시즘이다. 애국, 애족은 민주주의 교육으로 순화되어야 한다. 침략의 논리가 아닌 저항의 논리여야 한다. 애국주의와 더불어 국익주의라는 것도

절제와 성찰이 필요하다. 지나친 자국중심주의는 곤란하다.

- "명령에 따른 영웅적 행위, 무의식적 폭력, 애국이란 이름표에 딸린 모든 구역질나는 헛소리들을, 나는 온 힘을 다해 증오한다." — 아인슈타인
- "나는 내 나라를 너무도 사랑하기 때문에 애국주의자가 될 수 없다." — 카뮈
- "애국심이란 자기의 조국이 다른 모든 나라보다 고귀하고 우월하다고 믿는 신앙을 말한다." — 조지 버나드 쇼
- "애국심은 일종의 종교다. 그것은 전쟁을 부화시키는 달걀이다." — 모파상
- "베트콩들은 우리를 깜둥이라고 욕하지 않는다. 베트콩과 싸우느니 흑인을 억압하는 세상과 싸우겠다." — 무하마드 알리
- "애국심은 악당의 마지막 피난처다." — 새뮤얼 존슨

● 나의 동포 여러분, 당신들의 국가가 당신들을 위해서 무엇을 해 주는가를 묻기 전에 당신들이 당신들의 국가를 위해서 무엇을 할 것인가를 물으시오. — 케네디

애국심을 고취하려는 최고 권력자의 말이다. 일견 그럴듯해 보인다. 그러나 순서가 바뀌었다. 국가는 목적이 아니라 수단이다. 국가

는 국민을 위해 존재하는 것이다. 국가가 항상 국민을 위해 무엇을 할 것인지 고민하고 노력하는 것이 우선이다. 국민의 국가에 대한 헌신은 자발적으로 이루어져야지 요구되어서는 안 된다.

- "국가가 사람을 위해 만들어졌지 사람이 국가를 위해 만들어지지 않았다." ─ 제헌

○ 평화로운 혁명을 불가능하게 만드는 자들은 폭력적인 혁명을 불가피하게 만든다. ─ 케네디

케네디는 혁명가인가? 너무 일찍 죽어 판단이 쉽지 않다. 그러나 그의 대외 정책을 보면 말과 행동이 일치하지는 않았던 것 같다. 그의 말들을 보면 그는 자유주의자이면서 국가주의자다. 개인적으로 자유를 중요시하면서도 미국 대통령이라는 한계는 불가피했던 것 같다.

동시대를 살았던 체 게바라와 대조된다. 그는 공산주의자라는 한계는 있었지만 국가를 초월한 인물이었다.

○ 제3차 세계대전은 어떤 무기로 싸울지 나는 잘 모른다. 하지만 제4차 세계대전은 돌과 몽둥이로 싸우리라는 것을 알고 있다.
— 아인슈타인

○ 전쟁은 부자들이 일으키고, 죽는 건 가난한 자들이다. — 제현

나는 그렇지 않은 전쟁을 보지 못했다.

- "죽은 자가 말할 수 있다면, 더 이상 전쟁은 일어나지 않을 것이다."
 — 하인리히 뵐
- "우리가 왜 죽었느냐고 누군가 묻거든 우리 아버지들에게 속아 이리 되었다 전하시오." — 러디어드 키플링

○ 전쟁은 사기다. — 스메들리 버틀러

- "전쟁의 손해는 사람의 목숨으로 계산하고, 전쟁의 이득은 달러로 계산한다. 전쟁에서 몇몇 사람만 이득을 보고 대다수는 손해를 본다." — 스메들리 버틀러
- "전쟁의 부담은 누가 지는가? 일반 국민들이다. 전투에서 목숨을 잃

은 군인들, 그리고 그의 가족들이다. 그뿐만 아니라. 국민들은 막대한 액수의 전쟁 부채를 갚기 위해 대를 이어 막대한 세금을 내야 한다." ― 스메들리 버틀러

○ 평화는 친구와 함께 만드는 것이 아니다. 평화란 아주 고약한 적과 함께 만들어가는 것이다. ― 이츠하크 라빈

노벨 평화상의 진정한 수상자.

○ 시간은 인간이 쓸 수 있는 것 중에서 가장 소중한 것이다.
― 테오프라스토스

이런 훌륭한 말을 생각해 낼 수 있었던 것도 시간이 많았기 때문일 것이다. 시간은 금이라고 했듯이 모든 시간은 소중하다. 그 중에서도 모든 이에게 충분한 사유의 시간을 주는 것은 민주적인 제도와 정책의 설계에서 가장 염두에 두어야 할 요소다.

• "한가함이란 아무것도 할 일이 없다는 것이 아니라 무엇이든지 할 수 있는 여유가 생겼다는 뜻이다." ― 플로이드 델

○ 내 학습을 방해한 유일한 훼방꾼은 내가 받은 교육이다. 정규 교육을 받은 후에도 호기심이 살아 있다면 그것은 기적이다.
— 아인슈타인

우리에게 필요한 것은 주입식 교육이 아니라 호기심을 일으키는 욕망 교육이다. 각자의 욕망을 자극하는 것, 잠재력을 활성화하는 것이 교육의 핵심이다.

- "호기심은 인간의 처음이자 마지막 열정이다." — 미상

○ 교육은 사회 진보와 개혁의 근본적 수단이다. — 존 듀이

민주주의자를 길러 내는 교육이야말로 개혁의 기본이라고 할 수 있다. 요즘과 같은 정보 과잉의 시대에 더욱 절실한 말이다. 민주주의자는 깨어 있는 시민으로서 정보를 제대로 걸러 내고 해석할 줄 아는 역량이 필수적이다. 교육이 맡아야 할 일이다.

- "모든 국가의 기초는 그 나라 젊은이들의 교육이다." — 디오게네스

○ 경쟁 교육은 야만이다. — 미상

　김누리 교수 등이 널리 퍼뜨린 말로서 독일의 교육 사상에서 유래된 것으로 보인다. 교육은 경쟁을 목표로 해서는 안 된다. 교육은 우열이나 승패를 가리는 데 목적이 있는 것이 아니다. 모든 사람의 잠재력을 끌어올리는 것이 교육이다. 경쟁 교육에서는 열등한 자와 패자는 배제될 수밖에 없다.
　경쟁은 스포츠나 장사에서나 필요한 것이다. 현대 사회에서 경쟁 교육은 결국 돈을 수단으로 하고 돈을 목표로 하는 것일 뿐이다. 그것은 교육이 아니다.

○ 돈을 버는 것은 기술이요, 돈을 쓰는 것은 예술이다.

　이 말은 록펠러의 목사가 했다고 전해진다.
　돈 버는 것도 어렵지만 돈 쓰는 것도 어려운 일이다. 낭비나 사치보다는 자선이나 기부가 더 가치 있는 일이다. 자선이나 기부를 하더라도 좀 더 세심하고 가치 있게 할 수 있다. 그것을 잘하는 것이 예술이다.

○ 부자는 결코 천당에 들어가지 못하겠지만, 가난한 사람은 이미 지옥을 체험하고 있다.

체이스라는 사람의 말로 전해진다. 부자가 천당 가기는 낙타가 바늘구멍 통과하기보다 어렵다는데 왜 사람들이 그리도 천당 가기를 싫어할까? 사후에 천당이나 지옥이 있기는 한 걸까? 사람 사는 세상이 천당일 수도 지옥일 수도 있는 게 아닐까?

- "부자들의 천국은 가난한 자들의 지옥으로 지어졌다." — 빅토르 위고

○ 통제받지 않는 자본주의는 새로운 독재다. — 프란치스코 교황

오늘날 자본의 통제가 민주주의에서 가장 중요하다. 자본의 자유만을 내포하는 신자유주의는 새로운 자유주의가 아니라 새로운 독재다.

○ 좌우, 혁신과 보수는 진보와 반동 여부와는 무관하다. — 강윤호

좌파와 우파는 자본주의를 어떻게 보는가에 따른 스펙트럼상의

상대적 좌우를 일컫는 말이다. 자본주의의 철폐를 주장하는 것이 극좌이고 신자유주의는 극우에 가깝다.

이념에 얽매어 자유와 평등을 도외시하는 것은 모두 반동이고 극좌와 극우 사이에서 자유와 평등의 조화를 꾀하는 것은 모두 진보라고 할 수 있다.

보수의 반대는 혁신이라고 할 수 있다. 보수는 온건하고 혁신은 급진적이다. 양자는 진보와 반동처럼 가치로 구별되는 것이 아니라 취향과 적성의 문제일 뿐이다.

- "진보는 보수와의 투쟁이 아니라, 더 나은 사회를 향한 연대다."
  ― 노회찬
- "내 이해의 범주 안에서, '급진주의자'는 너무 멀리 간 사람이고, '보수주의자'는 충분히 가지 않은 사람이며, '반동주의자'는 아예 가지 않으려는 사람이다." ― 우드로 윌슨

○ 자유주의(Liberalism)는 신중함으로 다듬어진 국민에 대한 신뢰이며, 보수주의(Conservatism)는 두려움으로 다듬어진 국민에 대한 불신이다. ― 글래드스턴

자유주의와 보수주의는 취향의 문제다. 전자가 좀 더 낙관적이고 급진적이고 후자가 좀 더 비관적이고 온건할 뿐이다. 둘 다 진보적

일 수도 반동적일 수도 있다.

　　○ 시대착오적 인간은 반드시 시대착오적 일을 도모한다. 그러나 그 일은 반드시 실패한다. 왜냐하면 그 일은 시대착오적이기 때문이다. ― 강윤호

윤석열, 김건희를 보라.

　　○ 사람들은 그들이 가진 상품들로 자신을 인식한다. 그들은 자신의 자동차, 오디오 세트, 복층집, 주방 기구에서 자신의 영혼을 발견한다. ― 마르쿠제

물신주의, 소비주의.
민주주의를 좀먹는 자본주의의 미혹들.

- "현대의 억압은 더 이상 고통을 동반하지 않는다. 오히려 쾌락 속에 숨겨져 있다." ― 마르쿠제

○ 빚은 자유인을 노예로 만든다. ─ 푸블릴리우스 시루스

예부터 많은 사람들이 빚 무서운 줄 알라고 했다. 근데 이 말은 현대에 더 잘 어울리는 것 같다. 지금의 자본주의 경제는 부채경제라고 할 수 있다. 소득 증가가 부채 증가를 따라가지 못하고 있다.

집을 사는 데도 대출, 소소한 물건을 사는 데도 대출, 공부를 하는 데도 대출이다. 신자유주의적 금융자본주의가 민중을 채무자화함으로써 그들을 지배한다.

○ 주식 30년 하면서 배운 유일한 교훈은 빚내서 투자하지 말라는 것. ─ 강윤호

자기가 가격을 조정할 정도의 금력이 없다면, 시장을 능가할 재능이 없다면 시장에서 살아남는 방법은 버티는 수밖에 없다. 물론 버틴다고 다 성공하는 것은 아니지만 빚이 있으면 버틸 수도 없다.

● 공매도는 시장의 효율성과 안정성을 위해 필요하다.

주가가 오를 때뿐만 아니라 내릴 때도 돈을 벌기 위한 가진 자들

의 미주말. 주로 기관투자자들의 항상적 소득 창출을 위한 헛소리.

○ 항산(恒産) 없으면 항심(恒心) 없다. — 맹자

경제적 안정이 삶의 기본이다. 기본사회는 인류가 수천 년 동안 이루지 못한 꿈이다. 맹자를 비롯한 동서양의 모든 진보적 사상가들의 꿈이었다.

4차 산업혁명의 와중에 그런 꿈이 실현될 날이 가까워지고 있다.

○ 한 개인이 도덕적으로 올바르다는 것은 그가 사회의 부조리에 침묵하지 않을 때다. — 마틴 루터 킹

도덕은 자기 수양으로 끝나는 것이 아니다. 사회와 유리된 도덕은 위선이다.

- "세상에서 가장 큰 죄악은 침묵이다. 작가에게 허용된 유일한 정의는 불의에 침묵하지 않는 것뿐이다." — 카뮈

○ 확신하는 정의는 악이다. 정의가 정의이기 위해서는 늘 자신의 정의를 끝없이 의심하지 않으면 안 된다. — 마이클 샌델

데카르트가 그랬듯이 항상 모든 것을 의심하는 자세를 가져야 한다. 자신의 생각도 항상 의심해야 한다. 자기가 정의롭다고 생각하는 자는 특히 더 그래야 한다. 정의의 이름으로 자행된 악행의 처참한 역사는 너무도 많다.

- "의심하는 것이 유쾌한 일은 아니다, 하지만 확신하는 것은 어리석은 일이다." — 볼테르

○ 가장 위대한 지도자는 사람들이 자기를 필요로 하지 않도록 하는 사람이다. — 노자

"지도자의 이름을 모를 정도의 국가가 가장 행복한 국가"라는 말이 있다. 사람들이 정치에 대해 무관심한 것이 아니라 정치가 사람들에게 필요가 없을 정도로 자치와 자율이 잘 이루어지는 경우를 말하는 것이다.

이러한 상태를 만들 정도의 정치가라면 가장 위대한 지도자라고 할 수 있을 것이다. 사람들이 자유롭고 독립적으로 삶을 가꾸어 나갈 수 있도록 여건을 조성하는 지도자가 가장 위대하다.

◇ **문화의 소비는 현실을 극복하는 수단이 아니라, 현실을 망각하게 하는 것이다.** ― 우베 레비츠키

대작 『세계철학사』(전 4권)를 저술한 이정우 선생에 의하면 현대사회를 지배하는 네 가지 커다란 장치가 있다. 국가, 과학기술, 자본주의, 그리고 대중문화가 그것이다.

문화를 대중적으로 소비하게 함으로써 문화의 영향력이 막대해진 것이 현실이다. 따라서 문화를 소비하는 데 있어서도 지혜가 필요하다. 우매한 대중으로서 소비할 것인가, 깨어 있는 시민으로서 소비할 것인가?

- "모든 예술가는 자기에게 먹이를 주는 손을 물어야 한다. 단, 너무 세게 물진 말고." ― 백남준

◇ **투표는 총알보다 강하다.** ― 링컨

민주주의가 살아 있는 곳에서는 당연한 말이다. 민주주의가 아직 성숙하지 못한 곳에서는 의문.

- "모든 국민은 자신들의 수준에 맞는 정부를 가진다." ― 조제프 드 메스트르

● 공짜 점심 같은 건 없다. — 밀턴 프리드먼

오늘날 노동자들에 돌아갈 공짜 점심은 없을지 몰라도 부자들에게 떨어질 횡재는 무수히 많다.

프리드먼 이 자는 뼛속 깊이 부자 친화적 인물이다. 주류 경제학을 망친 장본인 중 하나다.

○ 부패한 정부는 모든 것을 민영화한다. — 촘스키

효율성 제고를 이유로 민영화를 한다는 것은 경제학의 가장 큰 미혹 중 하나다. 신자유주의가 금과옥조로 여기는 "민영화가 효율성을 높인다."라는 말은 법칙은커녕 헛소리에 불과하다. 효율성 낮은 부실한 기업은 민영화 자체가 곤란하다.

○ 나는 공동의 죄책감에 대해서는 믿지 않는다. 하지만 공동의 책임에 대해서는 믿고 있다. — 오드리 헵번

깨어 있는 진보적 배우의 표상이다. 존경스럽다.

○ 파시즘은 다양한 옷을 입고 되돌아올 수 있다. 우리가 그 이름을 부르지 못하면 그것은 더 쉽게 돌아온다. ― 움베르토 에코

민주주의의 적이 파시즘이다. 파시즘은 다양한 모습을 가진다. 변신에 능한 파시즘을 제대로 파헤치고 명명해야 민주주의를 지킬 수 있다.

○ 비판을 허용치 않는 권위가 파시즘의 시작이다. ― 강윤호

어느 사회나 권위는 필요하다. 권위를 요구하는 것이 사람들의 심리이기도 하다.

그러나 권위에 대한 맹목적 신뢰는 판단에 있어 가장 위험한 요소 중 하나다. 낭패를 가져오기 십상이다. 예를 들어 황우석 사태, 윤석열 사태, 대형 인플루언서들, 사이비 종교들……..

맹종을 부추기는 언론인들과 지식인들이 있다면 이들이 가장 먼저 비판받아야 한다.

○ 기업의 소유주는 사회이며, 이익은 사회에 환원해야 한다. ― 유일한

기업이 누구의 소유인가에 대해서는 관점에 따라 여러 견해가 있을 수 있다. 주주로 보는 견해도 있고, 종업원으로 보는 견해도 있다.

유일한 박사의 견해가 가장 진보적인 기업관이라고 할 수 있다. 기업을 널리 인간을 이롭게 하는 적절한 수단으로 보는 것이다.

○ 민주주의는 말다툼과 의견 차이를 허용하지만, 증오를 허용하지 않는다. ― 이츠하크 라빈

민주주의의 적 파시즘은 증오를 먹고 자란다. 두려움, 불안 등을 씨앗으로 해서 증오, 혐오라는 열매를 키운다.

○ 우리의 공화국과 그 언론은 함께 번성하거나, 함께 몰락할 것이다. ― 조셉 퓰리처

민주주의의 생사는 언론에 달려 있다.

○ 어제의 범죄를 벌하지 않는 것은 내일의 범죄에 용기를 주는 것과 똑같이 어리석은 짓이다. 정의로운 프랑스는 관용으로 건설되지 않는다. ─ 카뮈

단죄를 제대로 하지 못한 실패한 역사를 되풀이해서는 안 된다.

● 정부는 문제의 해결책이 될 수 없으며, 정부야말로 문제다.
─ 로널드 레이건

영국 대처 수상과 함께 신자유주의 정부를 대표하는 미국 대통령의 미주말이다.

신자유주의는 자본의 자유만을 대변하는 신념의 하나이지 결코 어떤 진실이나 법칙이 아니다. 일부 자본가들의 지배이데올로기일 뿐이다. 좌파 이데올로기의 극단이 공산주의라면 우파 이데올로기의 극단이 신자유주의다. 극단은 진리와 거리가 멀다. 진리는 조화와 균형에 있다.

정부의 역할은 적절한 개입이지 방임이나 계획이 아니다. 문제는 정부가 크냐 작으냐가 아니라 민주적이냐 아니냐. 항상 제도(시스템)와 사람의 미스매치가 문제다. 투명하게 정보가 소통되는 민주적인 정부일수록 시스템이 잘 갖추어지고 그 시스템을 사람이 잘 운영할 것이다.

사회가 복잡해질수록 민의를 정확히 반영하는 정부의 역할은 더 커지기 마련이다. 자유시장이나 작은 정부를 주장하는 것은 시장에서의 강자들의 기만일 뿐이다. 그게 아니라면 그릇된 신념일 뿐이다.

○ **보이지 않는 손이 보이지 않는 것은 그것이 시장에 없기 때문이다.** ― 조지프 스티글리츠

자유시장은 가능하지도 바람직하지도 않다. 정부의 적절한 시장 개입은 불가피하다.

시장 참여자들과 거래자들은 평등하지 않다. 시장에서의 경쟁은 무기 평등의 원칙이 적용되지 않는다. 시장자유론자들이 주장하는 자유시장은 평등하지 않으며, 강자가 지배하는 불평등한 시장은 자유롭지 못한 것이다.

또한 시장은 불안정성을 태생적으로 내포하고 있다. 그냥 내버려두면 스스로 효율적으로 작동하는 요술 기계가 결코 아니다. 가격 기구의 신축성에 의한 자율 조정, 자원배분의 효율성은 허상에 불과하다. 금융위기와 같은 시장실패는 수없이 반복되었다.

● 국채발행은 미래 세대가 갚아야 할 빚이다.

재정 건전성을 내세우며 국채발행 등의 적극적인 재정정책을 반대하는 말들이 많다. 그러나 재정은 성장과 복지를 위한 마중물 역할을 하는 매우 중요한 정책수단이다.

재정의 건전성을 너무 강조하는 것은 가계의 건전성을 간과하기 쉽다. 가계 빚이 많은 것보다는 정부의 빚이 많은 것이 더 낫다. 정부는 국민을 위해 존재하는 것이다. 화폐주권을 가진 이상 정부는 파산하지 않는다.

모든 것은 정도의 문제다. 모든 문제는 과도할 때 나타나는 것이다. 과도한 국채발행과 과도한 인플레이션을 유발할 정도로 재정적자를 일으키는 것이 문제다. 경기가 안 좋을 때는 과감한 재정지출이 필요한 것이고 경기가 좋을 때는 긴축을 하면 되는 것이다. 경기에 따라 유연하게 대처하면 된다. 그래야만 미래 세대에게 안정된 일자리와 부를 물려줄 수 있다.

묻지도 따지지도 않고 미래 세대를 걱정하는 양하는 것은 선동에 불과하다. 복지에 반대하고 양극화를 심화시키려는 자들의 기만술인 것이다. 재정이 마중물이 되어 돈의 순환을 자극하면 경제 규모는 더 커질 것이고 세수가 증가하여 재정은 더 건전해질 것이다.

○ 순환이 중요하다. ― 강윤호

"고인 물은 썩는다."라고 했다. 막히고 경색되어 좋은 것이 거의 없다. 세상에는 돌고 돌아야 좋은 것이 많다.

피의 순환, 돈의 순환, 사람의 순환, 지식·정보의 순환 등등. 활발히 돌고 돌아야 사람, 조직, 사회와 경제가 유연해지고 건강해진다.

○ 진보는 성장과 분배의 선순환을 추구한다. ― 유종일

진보 경제학은 성장을 무시하고 분배만 중요시한다는 오해가 널리 퍼져 있다. 주류 경제학의 편견이 크게 작용한 까닭이다. 진보는 좌파와 우파, 검은 쥐와 하얀 쥐를 가리지 않는다. 인간의 삶의 개선을 가져오는 것이라면 어떤 정책도 수용한다.

경제는 순환이 특히 중요하다. 성장과 분배는 상쇄관계에 있는 것이 아니다. 조화와 균형이 가능하다. 얼마든지 선순환을 이룰 수 있다.

○ 진보는 시장을 반대하는 것이 아니라, 시장이 사람을 위해 봉사하도록 만드는 것이다. ― 대런 아세모글루

주류 경제학이 교조적으로 받드는 시장이나 시장경제는 목표가 아니라 하나의 수단이다. 시장도 홍익인간을 위한 하나의 도구에 불과하다. 시장이 필요악 취급을 받지 않으려면 진보적으로 운영되어야 한다.

● 자유민주주의는 인류가 찾아낸 최종적이고 보편적인 정치 체제다. ― 프랜시스 후쿠야마

자유민주주의는 미혹을 주는 말이다. 선의로 해석하더라도 동어 반복에 불과하다. 민주주의는 자유의 이념을 핵심 요소로 포함하고 있다. 다르게 해석하면 그것은 평등을 희생시키고 자유만 노골적으로 강조하는 선전 도구일 뿐이다. 겉으로는 시장의 자유, 자유시장을 외치지만 결국은 돈·자본의 자유, 강자의 자유, 가진 자들만의 자유로 귀결될 것을 알고서도 내세우는 기만적 수사의 하나다.

후쿠야마는 역사의 종말을 말하면서 자유민주주의 체제가 이념 전쟁에서 최종적으로 승리했음을 주장했다. 그러나 앞서 말한 것처럼 용어 선택에서부터 큰 오류가 있다. 자유민주주의를 주장하는 것은 자유 없는 민주주의도 가능하다는 말이 된다. 하지만 자유 없이 진짜 민주주의는 없다.

우리가 흔히 사용하는 자유민주주의라는 말은 시장자유주의만을 주장하는 편협한 사고를 감추고 있다. 정치철학에서 가장 잘못된

지식 조작 중 하나다. 자유라는 가치는 예나 지금이나 모두의 자유인 것이고 민주주의와 인간해방의 대전제이다. 대중의 통치로 번역되는 Democracy는 정치체제 이전에 구성원 모두의 자유와 평등을 확립하려는 인간사회의 지고한 이념이다. 민주주의 자체 내에 당연히 자유의 개념이 포함될 수밖에 없다. 민주주의는 민주정이라는 통치형태로서보다 먼저 구성원 모두의 자기운명결정권을 지향하는 이념으로 이해되어야 한다.

○ 문명은 불필요한 필수품이 무한정 증가하는 것이다. ─ 마크 트웨인

자본주의 문명이 특히 그렇다. 절제와 성찰이 필요하다.

○ 왜 부자들을 돕는 것은 투자라고 말하고 가난한 이들을 돕는 것은 비용이라고만 말하는가? ─ 룰라 다 시우바

가진 자들이 흔히 하는 미주말이다. 낙수효과는 증명된 적이 없다. 경제학적으로 분수효과가 옳다.

● 부자 감세가 투자를 증가시키고 성장을 가져온다.

여러 똑똑하다고 알려진 학자들이 주장하는 이른바 낙수효과를 일컫는 말이다. 신자유주의 신봉자들의 대표적 주장이다. 이는 학문적 이론으로 둔갑하여 미혹을 주는 말의 전형적 사례다. 그리 어렵지 않으면서 현혹적인 경제 용어를 사용하여 그럴듯하게 말하지만 학문적으로 증명된 바가 없는 하나의 주장일 뿐이다. 아무 근거도 없이 지식인들과 언론을 동원해서 끊임없이 대중을 가스라이팅하는 것이 미주말의 전략이다. 세금을 줄여준다고, 손에 쥔 돈이 불어났다고 무작정 투자를 늘리는 부자를 당신은 본 적이 있는가?

직관적으로 생각해도 반대가 옳다. 소수의 부자보다는 다수의 빈자를 직접적으로 지원하는 것이 소비도 늘리고 생산 증가도 유발하여 성장을 가져오고 부자에게도 이득이 된다. 이것이 분수효과다.

- "경제학자들과 정치철학자들의 사상은 옳든 그르든 일반인들의 상상과는 달리 훨씬 더 막강하다. 세상은 이들에 의해 지배된다. 그리고 어떤 지적 영향력으로부터도 자유롭다고 생각하는 실무가들조차도 대개는 죽은 경제학자들의 노예에 불과하다." ― 케인즈

◇ 나는 그 어떤 아메리칸 드림도 보지 못했습니다, 아메리칸 악몽만을 보았습니다. ― 말콤 엑스

미국에 대해 다양한 측면으로 생각할 필요가 있다. 마틴 루터 킹과 여러 면에서 비교가 되는 말콤 엑스의 생각에서 우리는 많은 것을 깨달을 수 있다.

- "원수를 사랑하라는 것은 미친 생각이다. 지적인 사람이 어떻게 그런 주장을 할 수 있는지 이해할 수 없다. 원수 사랑을 실천하는 백인은 본 적이 없었다. 백인은 단지 마틴 루터 킹을 이용해서 백인 사회가 아닌, 흑인 사회에 비폭력을 조장하고 있었을 뿐이었다. 여러분의 원수를 사랑하지 말라. 여러분 자신을 사랑하라." ― 말콤 엑스

○ 문화에 있어 정부는 지원은 하되 간섭은 하지 말아야 한다.
― 김대중

요즘 한류가 대세다. 이런 현상에 대해 원인을 밝히려는 노력들이 많다. 가장 큰 원인은 한국의 민주주의다.

문화 발전의 열쇠는 뭐니 뭐니 해도 창의성이다. 창의성은 자유와 평등의 확장과 비례한다. 자유로울수록, 모두에게 기회가 주어질수록 더욱 개성 있고 더욱 창의적인 문화 창달이 가능해진다.

○ 우리는 오른쪽이 아니라 옳은 쪽을 가야 한다. ― 이재명

이재명은 좌파도 우파도 아니다. 단지 옳은 쪽을 지향하는 상파라고 할까? 널리 인간을 이롭게 하려는 진짜 진보다.

○ 국민이 낸 세금 열심히 아껴서 다시 돌려주는 게 왜 공짜입니까? ― 이재명

복지는 자선도 시혜도 아니다. 국민이 당연히 요구할 수 있는 권리다. 공무원은 그 요구에 충실히 응할 의무가 있다.

○ 독립성은 민주적 통제를 벗어날 수 없다. ― 강윤호

검찰의 독립, 사법부의 독립, 중앙은행의 독립, 언론사의 독립, 다 필요하고 좋은 말이다.
그러나 민주적 통제를 벗어나는 순간 언제든 그 스스로 타락한 권력이 될 수 있는 것이 이들 기관이다. 독립성이라는 말이 주는 미혹을 통찰할 수 있어야 한다.

○ 나는 우리나라가 세계에서 가장 아름다운 나라가 되기를 원한다. 가장 부강한 나라가 되기를 원하지 않는다. 내가 남의 침략에 가슴이 아팠으니 내 나라가 남을 침략하는 것을 원치 않는다. 우리의 부력이 우리의 생활을 풍족히 할 만하고 우리의 강력이 남의 침략을 막을 만하면 족하다. 오직 한없이 가지고 싶은 것은 높은 문화의 힘이다. 문화의 힘은 우리 자신을 행복하게 하고 나아가서 남에게 행복을 주기 때문이다. ─ 김구

부유하고 강하다고 해서 반드시 행복한 것이 아니다. 아름다움과 행복은 문화의 힘에서 온다. 문화의 힘은 창의성이다. 창의성은 민주주의에서 가장 잘 자랄 수 있다.

○ 기본사회는 인류의 영원한 꿈이다. ─ 강윤호

기본소득을 토대로 하는 기본사회의 구축은 진보의 영원한 이상의 실현이다. 기본적 생산수단 제공에 의한 인간 생활의 안정성 확보는 경제의 궁극적 목표다. 대부분의 구성원이 농부였던 농경 시대 경자유전의 이상처럼 개인의 생계를 위한 안정적이고 항구적인 생산수단 제공은 동서고금 모든 사회와 시대를 관통하는 경제의 영원한 꿈이다.

마침내 현대 자본주의사회에 들어와 전례 없는 생산력의 증대로

말미암아 그러한 이상의 실현이 가능한 단계에 이르렀다. 기본소득이 그 핵심에 있다. 기본소득은 좌파나 우파, 자유주의나 보수주의 정책이 아니라 자유와 평등을 확산시키는 진보적 정책이다. 좌파 노조의 비판과 동시에 우파 초부자들의 지지가 혼재한다. 기본사회를 좌파의 주장으로 모는 것은 지배층의 전형적인 프로파간다이다. 기본소득을 핵으로 하는 기본사회는 정의롭고 타당하며, 대단히 유효하다. 이제는 꿈이 아니라 인식과 의지만 있다면 얼마든지 실현 가능한 시기가 되었다.

신자유주의 후유증으로 인해 전 세계적으로 극우화가 맹위를 떨치고 있다. 1, 2차 세계대전과 같은 대규모 살육이 있기 전에 해법을 찾아야 한다. 원인은 극심한 빈부격차에 의한 양극화에 있다. 진보의 상징이었던 노동자들과 빈민들이 극우화의 중심에 있는 것만 봐도 알 수 있다. 양극화와 4차 산업혁명으로 인한 고용의 위기가 노동자들을 불안과 공포, 그리고 타자에 대한 혐오로 내몰고 있다. 파시즘이 준동할 충분한 조건을 갖춘 것이다. 기본사회 구축을 통한 생계의 안정만이 민주주의를 회복하는 답이 될 수 있다.

07

다 같이 즐겁고
행복하게 삽시다

○ 마음에 동요와 갈등이 없는 고요한 상태를 행복이라고 부른다. — 에피쿠로스

늙어 가면서 욕망이 줄어드니 행복이 느는 것 같다.
어머니가 건강하시니 지복(至福)을 느낀다.

- "늙으니까 마음이 고요해서 참 좋다." — 박경리
- "행복하게 산다는 것은 마음의 평온을 뜻한다." — 키케로
- "노년은 쾌락으로부터 버림받은 것이 아니라 악덕의 근원이 되는 쾌락으로부터 해방되는 것이다." — 키케로

○ 아침에 눈을 뜨면 살아 있다는 것. 숨 쉬고 생각하고 즐기고 사랑할 수 있음이 얼마나 소중한 특권인지 깨달아라. — 아우렐리우스

나는 아침에 일어나기 전 어머니의 발소리를 들을 때 무한의 행복감을 느낀다.

○ 쾌락을 누리되 절제하고 성찰하라! ― 강윤호

오감을 자극하는 쾌감을 마음껏 누리자. 단, 절제하고 성찰하면서. 즐기면서 두 가지는 지키자.

절제. 쾌락을 주는 것은 과하면 항상 해를 끼친다.

성찰. 실존적 성찰과 관계적 성찰이다. 내가 그것을 진정 원하는지? 나의 쾌락이 타자의 것을 빼앗는 것은 아닌지?

술도 절제하면서 즐기자. 술은 감정을 끌어올리고 관계를 부드럽게 하는 장점이 분명 있다. 나는 적절한 양의 술은 삶의 윤활유라고 생각한다. 용기를 줄 수도, 너그러움을 줄 수도 있다. 그러나 절제하지 못하면 가장 치명적인 독이 될 수 있다.

즐기고 누리면서 좀 더 높은 가치를 추구하는 것이 바람직하지 않을까? 단지 순간적 쾌락이 내가 진정 원하는 것인가? 차원이 다른 것에서 나의 진정한 쾌감을 찾을 수 있지 않을까? 육체적 쾌락 말고도 정신적 쾌락, 지적 쾌락도 있다.

누리더라도 같이 누리자. 나만 혼자 누리면 그리 즐거울까?

- "절제가 기쁨을 낳는다." ― 쇼펜하우어

- "전쟁과 흉년과 전염병, 이 세 가지를 합쳐도 술이 끼치는 손해와 비교할 수 없다." — 글래드스턴
- "고통에 지는 것은 수치가 아니다. 쾌락에 지는 것이야말로 수치다." — 파스칼
- "절제하지 않고 과욕을 부리면 만족스럽게 죽지 못할 것이고, 성찰하지 않으면 진짜 만족이 무엇인지 모르고 죽을 것이다." — 강윤호

○ 남을 행복하게 할 수 있는 자만이 행복을 얻는다. — 플라톤

나는 물론 나의 쾌락도 좋지만 그 이상으로 다른 사람이 즐기는 것을 보는 것이 즐겁다. 나는 능력이 된다면 터를 깔아주는 사람이 되고 싶다. 다른 사람들이 마음껏 쾌락을 누릴 수 있는 터를 말이다.

○ 이 또한 지나가리라! — 미상

인생은 고해라고 한다. 인생은 아무리 생각해도 즐거움보다는 고통의 비중이 더 큰 것 같다. 불교는 세상을 '사바세계(娑婆世界)'라고 부른다. '사바'는 산스크리트어로 '참고 견디는'이라는 뜻이다. 호메로스도 "인간은 행복보다 불행이 두 배나 많다."라고 했다. 고통과

불행을 잘 견디는 것이 인생의 가장 큰 지혜일지도 모르겠다. 시간이 모든 것을 해결해 준다는 말도 있다. 망각이 가장 큰 약일 수도 있다.

어쨌든 포기하지 않는 한 치유는 있다고 생각한다. 희망을 잃지 말자. 포기하지 말자. 고통의 바다 속에서 일말의 기쁨을 찾아 헤매는 것이 인생인 것 같다.

- "세상은 고통으로 가득하지만, 한편 그것을 이겨 내는 일로도 가득차 있다." — 헬렌 켈러
- "자주 절망하고 가끔 행복하라." — 쇼펜하우어

○ 지구의 자원은 모든 인류의 필요를 충족시켜 줄 수 있지만 한 사람의 욕심도 채울 수 없다. — 간디

이 말은 절제해서 필요한 만큼만 소비하라는 가르침이다. 그러나 한편으로 인간의 욕심이 얼마나 큰가를 잘 나타내는 말이기도 하다. 그러니 청빈하라, 재물을 탐하지 말라는 말들이 얼마나 허황된 것인지를 느끼게도 하는 말이다. 쾌락을 쫓거나 욕구를 충족시키려는 인간을 탓할 수는 없는 일이다. 다만 절제하고 성찰하기를 기대할 뿐.

○ 돈은 훌륭한 하인이지만 나쁜 주인이기도 하다. ─ 제현

돈은 인생의 좋은 수단이다. 능력이 된다면 많이 벌고 많이 써라.
　돈의 이중성은 자본주의에서 특히 두드러진다. 역사상 자본주의만이 인류를 물질적 궁핍으로부터 해방시킬 가능성을 보였다. 반면에 돈, 자본이 최악의 주인 행세하는 것도 자본주의에 들어와서다.
　그러나 인류의 역사를 관통하는 것은 자본(資本)주의가 아니라 인본(人本)주의다. 돈보다 사람이 우선이다. 사람이 돈의 주인이어야 한다. 돈을 벌고 쓰면서 항상 자신과 인간을 생각하는 절제와 성찰이 필요하다.

- "우리가 쓰는 돈의 대부분은 남을 흉내 내는 일에 쓰인다." ─ 랠프 에머슨

○ 재물은 오물과 같다. 부는 똥과 같아서 그것이 한 곳에 쌓여 있으면 악취를 풍기지만 널리 거름으로 뿌려지면 땅을 기름지게 한다. ─ 독일 격언

재물 축적을 비판하는 이 말은 단순한 비유 이상의 경제적 의미를 갖는다. 부가 더 평등하게 분배될수록 더 큰 성장을 유발한다. 부가 지나치게 한쪽으로 쏠리면 경제 전체 구매력은 감소하기 마련

이다.

돈은 되도록 많은 사람이 나누어 가질수록 윤리적으로도 경제적으로도 더 좋다.

○ 무소유란 아무것도 갖지 않는 것이 아니라 불필요한 것을 갖지 않는다는 뜻이다. ― 법정

법정이 말한 무소유란 요즘 말로 하면 미니멀 라이프를 일컫는 것일 게다. 라이프를 미니멀하게 하면 생활이 가볍고 경쾌해질 것이다. 무겁고 육중한 인생보다는 나을 것 같다.

소유의 대상은 재물일 수도 재물이 아닐 수도 있을 것이다. 나에게 불필요한 것은 무엇일까? 나를 육중하게 짓누르는 것은 무엇일까?

- "더 이상 추가할 것이 없을 때가 아니라 더 이상 뺄 것이 없을 때, 완벽함이 성취된다." ― 생텍쥐페리
- "행복하게 여행하려면 가볍게 여행해야 한다." ― 생텍쥐페리
- "인생은 욕망의 구현이 아닌 욕망의 쇠퇴로 충만해진다." ― 쇼펜하우어
- "돈은 내 것이 아니며 돈은 행복의 원천이 아니다. 내 꿈은 행복하고 평범한 사람이 되는 것이다." ― 주윤발

○ 儉而不陋 華而不侈(검이불루 화이불치) — 김부식

"검소하지만 누추하지 않고 화려하지만 사치스럽지 않다."라는 뜻이다.

원래 백제 문화를 칭송하는 말이다. 하지만 일상 생활에도 교훈을 주는 말이다. 절제와 성찰이 깃든 삶의 이상을 보여준다.

○ 만일 우리가 행복한 사람이 되기를 원한다면 그것은 쉽게 이루어질 수 있다. 그러나 만일 우리가 남들보다 더 행복한 사람이 되기를 원한다면 그것은 항상 어려운 것이다. 왜냐하면 우리는 항상 우리보다 남들이 더 행복하다고 생각하기 때문이다. — 몽테스키외

"남의 떡이 더 커 보인다."라는 말도 있다. 행복의 쥐약은 남과 비교하는 것이다.

○ 타인이 당신보다 더 행복한 것이 당신을 괴롭힌다면 당신은 결코 행복해질 수 없다. — 세네카

부러워하는 것(선망)과 시샘하는 것(질투)은 다르다. 행복한 타인이 부러우면 열심히 따라해 보자. 근데 나와 비교하면서 질투하거나 시샘하지는 말자. 부럽다는 것은 평가하고 칭찬하는 것이지만 시샘하고 질투하는 것은 나를 비하하는 것이고, 그게 지는 것이다.

- "남과 비교하지 말고 어제의 자신과 비교하라." ― 조던 피터슨

○ 누굴 부러워하지 않게 되니까, 그게 제일 편해요. ― 윤여정

세상 속에서 나를 휘둘리게 하지 마라. 세상을 벗어나 그 세상을 그대로 마주하고 꿰뚫어 보라. 너와 나 구분할 필요도 없고 비교할 필요도 없다. 누굴 부러워하고 누굴 시샘하랴?

- "롤모델이 뭐가 필요해? 나답게 살면 되지. 나이가 들수록 삶의 지혜가 생기지만 여전히 처음 살아보는 오늘이니 완벽하지 않아도 괜찮아요." ― 윤여정

○ 그대가 지적 노동과 정신 활동으로부터 충분한 쾌락을 끌어낼 줄 알게 된다면 운명도 그대를 어찌지 못할 것이다. ― 프로이트

내 경험으로는 육체적 쾌락 이상으로 정신적 쾌락도 짜릿한 즐거움을 준다. 많은 사람들이 육체적인 것만 누릴 줄 아는데 매우 안타깝다. 누구나 다 정신적, 지적 쾌락을 맘껏 누릴 기회가 있기를 바란다.

○ 선을 행해도 이름이 날 정도로 하지 말고, 악을 행하더라도 벌받을 정도로 행해서는 안 된다. ― 장자

만일 당신이 소박한 행복을 추구한다면 새겨들을 만한 말이다. 인간은 성자가 될 수도 악마가 될 수도 있다. 그러나 인간답게 산다는 것은 너무 선하지도 않고 너무 악하지도 않은 것이 아닐까?

○ 어머니 살아 계실 때는 온 집 안이 천국이다. ― 미상

신이시여, 자비를 내리소서 온 누리에. 세상의 모든 어머님들이시여, 행복하고 건강하소서.

○ 지나가는 시간이 아까울 때 우리는 행복한 것이다. ― 강윤호

○ 사랑하는 것과 사랑받는다는 것, 이것보다 큰 행복이란 원치도 않고 알지도 못한다. ― 제현

나를 사랑하는 사람이 없다면? 이것을 견딜 수 없다면? 그렇다면 내가 먼저 사랑하기로 하자.
가장 먼저 나부터 사랑하기로 하자. 자기애로부터 시작하자. 자기는 너무도 소중한 존재임을 깨닫자. 자존감이 붙을 것이고, 자부심을 가지게 될 것이다. 그러면 나를 사랑하는 존재도 필연적으로 나타날 수밖에 없다.

○ 행복해지는 비결은 자유로워지는 것이고 자유로워지는 비결은 용기다. ― 페리클레스

행복의 전제는 자유다. 자유롭지 않은 행복은 가짜일 수밖에 없다. 노예도 행복할 수 있다고 주장하는 것은 노예의 논리일 뿐이다.
자유로워지는 것은 쉬운 일이 아니다. 결과에 스스로 책임을 져야 하고 외부의 억압에 저항할 수 있어야 한다. 그러니 용기가 없으면

자유를 감당할 수가 없다.

○ 평생토록 행복한 인생이라니! 누구도 그런 인생은 견딜 수 없을 것이다. 그런 인생이 있다면 아마 지상의 지옥일 테니까. ― 조지 버나드 쇼

꽉 찬 것을 원하지 말라. 항상 여백이 필요하다. 여백을 두는 것이 절제다.

○ 행복을 두 손 안에 꽉 잡고 있을 때는 그 행복이 항상 작아 보이지만, 그것을 풀어준 후에는 비로소 그 행복이 얼마나 크고 귀중했는지 알 수 있다. ― 막심 고리끼

"행복은 가까이에 있다."라는 말은 참으로 옳다. 우리는 이미 행복한데 그것을 모르고 있을 때가 많다. 플러스가 아니라도 마이너스가 아닌 것만도 참으로 다행일 수 있다.

- "행복을 잃을 수 있는 한 그래도 우리는 행복을 가지고 있다." ― 부스 타킹턴

- "이따금 행복을 추구하는 것을 잠시 멈추고 그저 행복을 느껴 보는 것도 좋다." — 기욤 아폴리네르

○ 돈 없이도 행복할 수 있다고 설파하는 건 일종의 정신적 허영이다. — 카뮈

오늘날 돈 없이 행복할 수 있다는 데 동의하기 어렵다.
근데 분명한 것은 돈이 있다고 행복해지는 것도 아니라는 것이다.

- "돈이 행복하게 만들어 줄 수 있다고 생각하는 이들은, 보통 돈이 없는 사람들이다." — 데이비드 게펜

○ 지적인 사람이 행복한 경우는 정말 드물다. — 헤밍웨이

지적 쾌락도 행복의 중요한 요소다. 그러니 이 말은 과도하게 지적인 데만 집착하는 경우를 일컫는 말일 게다. 특히 철학자 중에 행복한 사람을 본 적이 거의 없는 것 같다.
생각이 없는 것은 큰 문제지만 생각이 너무 많아도 탈이다. 행복은 무엇이든 과하지 않은 곳에 있는 것 같다.

◇ 순간의 소중함은 그것이 추억이 되기 전까지는 절대 알 수 없다. ─ 미상

많이 공감이 되는 말이지만 절대적으로 그렇기까지 할까? 가끔 그 순간에도 알 수 있지 않을까?

○ 매일 아침 가장 먼저 다른 사람에게 진정한 기쁨을 줄 수 있는 일을 생각해 보면 우울증이 치유될 수 있다. ─ 아들러

현대의 가장 큰 정신질환 중 하나가 우울증이라고 한다. 나는 우울증이 삶의 의미와 가치를 찾을 수 없는 데 큰 원인이 있다고 생각한다. 스스로 의미와 가치를 찾는 것이 중요하다고 본다. 가장 먼저 가장 가까운 사람에게 관심을 가져 보자.

지혜를 주신 분들

가슨 캐닌 / 가이 스탠딩 / 간디 / 강신주 / 공자 / 괴테 / 교황 바오로 6세 / 글래드스턴 / 글로리아 스타이넘 / 기욤 아폴리네르 / 김구 / 김달국 / 김대중 / 김부식 / 김연아 / 김혜수 / 나기브 마푸즈 / 나폴레옹 / 노먼 빈센트 필 / 노무현 / 노자 / 노회찬 / 뉴턴 / 니체 / 닥터 수스 / 대니얼 마코비츠 / 대런 아세모글루 / 데스몬드 투투 / 데이비드 게펜 / 데이비드 봄 / 데카르트 / 도스토예프스키 / 디오게네스 / 디팩 초프라 / 라이너스 폴링 / 랠프 에머슨 / 러디어드 키플링 / 로댕 / 로버트 그린 / 롤랑 바르트 / 루쉰 / 룰라 다 시우바 / 리영희 / 리처드 도킨스 / 리처드 스틸 / 리처드 파인만 / 링컨 / 마거릿 미드 / 마더 테레사 / 마르셀 뒤샹 / 마르셀 프루스트 / 마르쿠제 / 마리사 피어 / 마사 누스바움 / 마윈 / 마이클 샌델 / 마이클 조던 / 마이클 코다 / 마크 맥파든 / 마크 트웨인 / 마티 올슨 래니 / 마틴 루터 킹 / 막심 고리끼 / 만델라 / 말콤 엑스 / 말콤 포브스 / 맹자 / 메이어 런던 / 모건 프리먼 / 모파상 / 몰리에르 / 몽테스키외 / 무하마드 알리 / 미셸 옹프레 / 박경리 / 반 고흐 / 발타사르 그라시안 / 밥 딜런 / 백남준 / 버트런드 러셀 / 법정 / 벤저민 프랭클린 / 보르헤스 / 볼테르 / 봉준호 / 부스 타킹턴 / 브레네 브라운 / 빅토르 위고 / 빅토리아 에릭슨 / 빌 게이츠 / 사도 바울 / 사디 시라지(사디 셰흐르자디) / 사르트르 / 산티아고 라몬 이 카할 / 새뮤얼 존슨 / 생텍쥐페리 / 섀넌 알더 / 서장훈 / 성동일 / 성철 / 세네카 / 셰릴 샌드버그 / 소크라테스 / 쇠렌 키르케고르 / 쇼펜하우어 / 수브라만얀 찬드라세카르 / 순자 / 슈바이처 / 스메들리 버틀러 / 스티브 데이비스 / 스티브 잡스 / 스티븐 킹 / 스티븐 호킹 / 스피노자 / 시몬 드 보부아르 / 시어도어 루스벨트 / 신달자 / 신문곤 / 신용호 / 아나이스 닌 / 아나톨 프랑스 / 아놀드 베넷 / 아놀드 슈워제네거 / 아들러 / 아리스토텔레스 / 아우렐리우스 / 아이다 미츠오 / 아인슈타인 / 안토니오 그람시 / 알랭(에밀 샤르티에) / 알렉스 오스본 / 알베르트 센트죄르지 / 알프레드 스미스 / 앙드레 지드 / 액톤 경 / 앤디 그로브 / 양계초 / 엄홍길 / 에디슨 / 에피쿠로스 / 엘리너 루스벨트 / 엘버트 허버드 / 예수 / 오드리 헵번 / 오스카 와일드 / 올더스 헉슬리 / 우드로 윌슨 / 우베 레비츠키 / 움베르토 에코 / 윌리엄 포크너 / 요기 베라 / 워렌 버핏 / 유일한 / 유종일 / 유홍준 / 육구연 / 윤여정 / 이대영 / 이드리스 샤흐 / 이어령 / 이재명 / 이츠하크 라빈 / 이효리 / 일론 머스크 / 잘랄루딘 루미 / 장 바티스트 드 봐예 / 장 앙텔름 브리야사바랭 / 장자 / 재키 로빈슨 / 잭 웰치 / 정약용 / 정유선 / 정주영 / 제라르 헨드리 / 제레미 리프킨 / 제인 구달 / 제임스 서버 / 조던 피터슨 / 조셉 퓰리처 / 조수미 / 조제프 드 메스트르 / 조지 맥도널드 / 조지 버나드 쇼 / 조지 베일런트 / 조지프 브로드스키 / 조지프 스티글리츠 / 존 게이 / 존 듀이 / 존 레이 / 존 우든 / 주윤발 / 주철환 / 줄리아 로버츠 / 쥘 르나르 / 지미 헨드릭스 / 짐 론 / 짐 캐리 / 처칠 / 체 게바라 / 촘스키 / 최치원 / 카를 슈르츠 / 카뮈 / 카프카 / 칼 세이건 / 칼 융 / 케네디 / 케인즈 / 코코 샤넬 / 크리스토퍼 몰리 / 크리스티안 헤벨 / 키케로 / 테오프라스토스 / 토니 모리슨 / 토머스 사스 / 토머스 칼라일 / 톰 스토파드 / 톰 피터스 / 투키디데스 / 트레이 파커 / 팀 페리스 / 파블로 데 사라사테 / 파스칼 / 파스퇴르 / 펄 벅 / 페리클레스 / 폴 발레리 / 폴 브라이언트 / 폴 틸리히 / 푸블릴리우스 시루스 / 프란치스코 교황 / 프랭크 A. 클라크 / 프레드릭 더글러스 / 프로이트 / 프리덴스라이히 훈데르트바서 / 플라톤 / 플로이드 델 / 피에르 클라스트르 / 피천득 / 피카소 / 피터 틸 / 필립 로스 / 하워드 진 / 하인리히 뵐 / 한혜진 / 함석헌 / 헤르만 헤세 / 헤밍웨이 / 헨리 데이빗 소로 / 헨리 밀러 / 헨리 반 다이크 / 헨리 포드 / 헬렌 켈러 / 홍자성 / E. B. 화이트